国家自然科学基金青年项目资助：

双边市场的相关市场界定方法及应用研究（713030008）

黄坤 王磊／著

相关市场

DEFINITION

METHOD
AND APPLICATION

界定

方法
与
应用

社会科学文献出版社
SOCIAL SCIENCES ACADEMIC PRESS (CHINA)

自　序

目前强化反垄断监管已经成为世界各国特别是成熟市场经济国家共同的抉择，也是完善中国特色社会主义市场经济体制，建设高标准市场体系、推动经济高质量发展的内在要求。

为了更好地认识和把握时代，解决时代面临的各种反垄断疑难、问题和矛盾，平衡好发展和监管的关系，增强监管治理效能，迫切需要创新和发展反垄断理论和方法。

相关市场界定是反垄断的基石，是识别竞争约束、评估市场支配力、测度竞争效果和量化福利效应的起点，集学理分析与政策应用、工具理性与价值理性、合规性与目的性于一体，体现出"致广大而尽精微，极高明而道中庸"的方法论特质。

本书根植于长期研究和政策实践，聚焦相关市场界定基础理论与分析方法研究。本书不是应景应时地夸夸其谈，而是既基于理论又联系政策，力求充分体现相关市场界定突出的方法论特质。本书准确把握相关市场界定分析框架的重要性和方法的科学性，系统推进相关市场界定的学理分析与案例研究，不仅拓展了相关市场界定的基础理论和分析框架，而且丰富了相关市场界定的案例库和工具箱，可以为学界和监管者准确掌握和应用相关市场界定分析框架和基本方法，更好地推进反垄断研究和监管提供有益的参考。

由于笔者能力有限，书中内容难免有纰漏和不妥之处，敬请斧正。

目　录

第1章 绪论

在中国经济转型的过程中，垄断既是一个制约中国可持续发展的体制问题，也是市场经济中不可避免的一个复杂的经济现象。在垄断行为认定的过程中，相关市场界定是一个非常具体的问题，但也是一个非常重要的，甚至可能直接影响反垄断审查结果的问题。

"相关市场"一词首次出现在 1948 年哥伦比亚钢铁公司案的判决中。但是，自 1890 年《谢尔曼法》颁布实施以来，执法当局和学者们一直在研究相关市场界定问题，对相关市场界定的认识逐渐深入，提出了众多的相关市场界定方法，提高了相关市场界定的执法透明度和执法效率。不过，现有文献在如下几个方面仍需要完善和弥补。

1.1 许多重要的相关市场界定的理论问题仍没有澄清

相关市场的内涵是什么？现有文献给出的定义其实都只是一种划定相关市场边界的方法或原则，而不是真正的定义。目前大多数学者已经认识到相关市场界定的重要性，但它到底是一种通过计算市场份额间接评估市场支配力的方法的前提条件，还是所有反垄断案件审查的前置程序，其背后的法律意义显然不同。

1

迄今为止，学者们已经提出了许多相关市场界定方法。这些方法的同时存在，引出了是否存在一种方法能适用于所有反垄断案件的问题。比如，假定垄断者测试是在美国《横向并购指南》中提出的，但其是否也适用于非横向并购案件。如果存在具有普适性的方法，那么哪一种方法具备这样的特点；如果不存在这样的方法，那么在不同反垄断案件中选择不同方法的准则是什么。此外，经济学证据和经济学家在相关市场界定中应该发挥什么作用，特别是在一个具体的反垄断案件中，执法人员、法官、原被告律师、经济专家和涉案企业的决策者之间该如何分工协作。针对这些重要的理论问题，现有文献都没有给出很好的回答。

1.2 对相关市场界定方法缺乏系统、深入研究

在同一个案例中，不同的相关市场界定方法可能会导致不同的相关市场，在这种情况下，需要考察它们之间的联系。现有文献大多集中研究单个相关市场界定方法，在指出以前方法不足的基础上，完善这种方法或者提出新的方法，但并没有系统考察这些方法之间的联系。为此，有必要弄清各种相关市场界定方法背后的经济学逻辑，比如1982年首次提出的假定垄断者测试（"可以获利"版本）和1984年修订后的假定垄断者测试（"将会获利"版本）背后的经济学逻辑有何不同。

当现有方法适用的前提条件得不到满足时，如何界定相关市场？比如，现有方法一般都假设在价格上涨区间内需求曲线是平滑的、边际成本是不变的、产品之间是相互替代的。如果这些条件至少有一个得不到满足，现有方法将会失效。在这种情况下，或者需要拓展现有方法，使之可以应用到特殊情形中，或者需要提出新的方法。现有文献对这些问题基本"选择沉默"。

双边市场等非典型市场的相关市场界定方法仍然不成熟、不完善。近年来,具有双边市场特征的反垄断案例越来越多。由于双边市场具有复杂的(直接和间接)网络外部性特征,双边市场的相关市场界定非常复杂。如果基于单边市场逻辑提出的相关市场界定方法不能应用于双边市场,那么如何提出新的方法;反之,如果原有的逻辑依然成立,如何修改和完善现有的方法使之适用于双边市场。个别文献对此做出了努力,但是拓展后的方法在可操作性上仍存在很多问题。

1.3 我国反垄断执法中的相关市场界定问题的研究尚未进入深水区

相关市场是某个反垄断案件相关的市场。如果没有实质参与具体案例中的相关市场界定工作,也没有获取详细的企业数据,那么肯定无法深入研究具体案例中的相关市场界定问题。虽然已经有了一些公开的判例,但是一些核心问题尚未得到很好的回答。比如,相关市场界定的流程是什么;相关产品是涉案企业的每一种产品,还是每一大类产品;应该根据什么原则选择界定方法;如果采用假定垄断者测试,其恰当的起点是什么;如果需要估计需求系统,应该选择哪种类型的需求函数;如果选择不同的方法界定出不同的相关市场,应该如何处理。由于对相关市场的认识不足,或者无法获取充足的数据和信息,国内仅有的少数文献或者基本上没有涉及这些问题,或者只是泛泛而谈。

首先,本书全面、系统、深入地研究相关市场界定方法。理清各种方法在不同情景下界定出的相关市场之间的联系,有助于破解反垄断审查中常常面对的是否需要选择界定方法的困惑,甄别原被告双方是否在通过"挑选"方法来为自己辩护;梳理相关市场界定的方法有助于搞清各种方法背后的经济学逻辑,指出现有方法的不足并进行完善，特别是完善双边市场等非典型市场的相关市场界定方法。

然后，本书通过可口可乐/汇源并购案、唐山人人/百度和奇虎360/腾讯等滥用市场支配地位案，详细说明具体案例中的相关市场界定问题。实际上，对于相关市场界定来讲，我国目前存在的最大问题就是反垄断机构还缺乏在实际案例中利用经济学证据来界定具体案件中的相关市场的能力。因此，通过具体案例的分析，了解其中相关市场界定的难点和关键点，理解选择不同方法的适用条件，掌握相关市场界定的关键点，即需求替代分析的基本方法，有助于通过增加经济分析证据的使用来提高执法效率，进而提升我国反垄断执法的规范性和专业性。

第2章 传统的相关市场界定方法：述评

自 1948 年在哥伦比亚钢铁公司案中首次使用"相关市场"一词以来，世界各国有关反垄断当局和学者们一直在研究如何准确地界定相关市场，提出了众多的相关市场界定方法，可主要归纳为三大类：一是早期案例中提出的方法，包括需求交叉弹性法、"合理的互换性"测试、"独有的特征和用途"测试、子市场和聚类市场法等；二是基于套利理论的方法，包括价格相关性检验和运输流量测试；三是假定垄断者测试及其执行方法，包括临界损失分析、临界弹性分析、转移率分析、剩余需求分析和机会成本法。① 目前前两类方法基本上被弃用，世界各国的反垄断当局和学者们主要采用第三类方法来界定相关市场。本章主要对前两类方法进行简单述评，第 3、4、5 章将深入探讨第三类方法（即假定垄断者测试及其执行方法）的理论和应用问题。

2.1 早期案例中提出的相关市场界定方法

在 1948 年哥伦比亚钢铁公司案中，美国最高法院首次使用了"相关市场"一词。在 20 世纪 70 年代以前，为了确保美国政府在反垄断诉讼中获胜，最高法院发明了许多相关市场界定方法。鉴于这些

---

① 黄坤：《企业并购审查中的相关市场界定：理论与案例》，社会科学文献出版社，2013。

方法基本上已经退出历史舞台，下面将简单介绍这些方法。有兴趣的读者可以参阅李虹的《相关市场理论与实践——反垄断中相关市场界定的经济学分析》。①

2.1.1　需求交叉弹性法

在 1953 年的 Times-Picayune Publishing Co. v. United States 案中，美国最高法院第一次借助经济学知识来界定相关市场，提出了需求交叉弹性法，其核心思想是相关市场内产品之间的需求交叉弹性较大，而相关市场内外产品之间的需求交叉弹性较小。但是，至于需求交叉弹性应该在多少以上，才能将某一种产品纳入相关市场，该方法并没有给出一个具体标准。

2.1.2　"合理的互换性"测试

在 1956 年的杜邦玻璃纸案中，美国最高法院提出了"合理的互换性"（reasonable interchangeable）测试，其核心思想是将产品的价格、用途和质量因素考虑进去后，如果某些产品在功能上具有一定的互换性，那么它们将构成相关市场。现实中，很多产品之间都具有一定的功能互换性，比如啤酒也可以代替面包充饥，该方法赋予了反垄断执法机构极大的自由裁量权，其可以界定任意范围的相关市场。

2.1.3　"独有的特征和用途"测试

在 1957 年的杜邦—通用案中，美国最高法院提出了"独有的特征和用途"（peculiar characteristics and uses）测试，其核心思想是具有不同特性的产品应该分属不同的相关市场。正如世界上没有两片相

---

① 李虹：《相关市场理论与实践——反垄断中相关市场界定的经济学分析》，商务印书馆，2011。

同的树叶一样，所有产品之间都具有一定的差异性。该方法给执法机构颁发了任意界定相关市场的许可证。[①]

2.1.4　子市场

在 1962 年的布朗鞋业案中，美国最高法院提出了一种融合方法，其核心思想是如果产品之间不存在合理的互换性或需求交叉弹性较小，那么这些产品将分属不同的相关市场；否则，这些产品将构成相关市场。如果该相关市场内产品具有独有的特征和用途，那么可以根据以下实用指标将该市场进一步细分为若干个反垄断意义上的"子市场"（submarket）：行业或公众对子市场作为一个独立经济体的认可程度、产品的特性和用途、专用生产设备、独立的消费群体、对价格变化的敏感程度、特殊的运营商。由于存在双重标准，采用该方法可以得到任何想要的市场份额。[②]

2.1.5　聚类市场法

1963 年美国最高法院在宾夕法尼亚国民银行一案中首次提出了聚类市场法。[③] 其核心思想是将不具有替代性（包括需求替代和供给替代）的多种产品依据分析的需要归为一类。由于在确定分类标准上缺乏理论基础，在实际运用中对于为什么要将这些产品归为一类，反垄断执法机构没有给出有说服力且前后一致的解释。

[①] Reycraft, G. D., "Recent Developments under the Sherman Act and Clayton Act and Other Aspects of the Program of the Antitrust Division," *Antitrust Bulletin*, 1960 (5), pp. 395−418.

[②] Hale, G. E. and R. D. Hale, "A Line of Commerce Market Definition in Anti-Merger Cases," *Iowa Law Review*, 1966, 52 (2), pp. 406−431.

[③] 20 世纪六七十年代，美国最高法院在几个银行合并案中也采用了该方法。随后该方法被地方法院推广到其他领域的反垄断分析中，如传统的杂货超市、百货公司和重症监护医院服务等领域。

为了解决这个问题，Ayres 提出了一个交易互补理论。[①] 该理论认为交易的互补性可使供应多产品的企业比只供应单产品的企业更具竞争性，因为"一站式"购物可显著降低消费者的交易成本。它从一个新的视角揭示了企业供应多产品的原因。[②] 基于该理论，他认为具有交易互补性的产品应该作为一类产品，构成一个相关市场。生产该类产品中部分产品的企业应排除在该市场之外，因为它们与生产全部产品的企业相比竞争力很弱。

虽然基于交易互补理论的聚类市场法较以前更为合理，但在实际运用中也会遇到一些新问题，如哪些产品间具有交易互补性、合理的市场规模应如何确定等。Baker 认为聚类市场法不适合用来界定相关市场，因为聚类市场上包含了不具有替代性的产品。[③] 当生产部分产品的企业能有效约束生产全部产品的企业的行为时，聚类市场法将会使反垄断分析的效果产生偏差。有的学者认为，聚类市场法因其不必界定大量的单个市场而具有分析的便捷性。

总的来说，在分析单个企业的市场行为时，聚类市场法有时比较适用；在分析多产品企业的并购案中，该方法可能会遇到很多问题。例如，当一个生产 10 种产品的企业和一个生产 100 种产品的企业进行合并申请时，应该将 10 种产品还是 100 种产品归为一类呢？

---

① Ayres, I., "Rationalizing Antitrust Cluster Markets," *Yale Law Journal*, 1985, 95 (1), pp. 109-125.

② 一般认为，范围经济是企业供应多种产品的理论基础。交易互补可以看作是范围经济在需求侧的变形，只是经济性由消费者而不是生产者获得。在市场界定上，范围经济和交易互补的根本区别在于前者不需要联合销售而后者需要联合购买。

③ Baker, J. B., "Market Definition: An Analytical Overview," *Antitrust Law Journal*, 2007 (74), pp. 129-173.

2.2 基于套利理论的方法

2.2.1 价格相关性检验

价格相关性检验是一系列利用价格信息来界定相关市场的方法总称。Kottke 首次尝试用产品之间的价格相关性来分析相关市场，Areeda 和 Turner 进一步拓展了这一思路。[①] 目前价格相关性检验主要包括价格等同性检验、价格调整速度检验、价格相关系数检验、价格格兰杰因果检验、价格协整检验和价格平稳性检验等。

价格等同性检验的核心思想是通过考察两种产品或同一种产品的两个区域（以下统称"两种产品"）之间的价格水平是否有显著差异来界定相关市场。Shrieves 提出了价格等同性检验的步骤：首先，根据运输成本、产品特征和交易特征等因素调整产品价格。其次，考察两种产品调整后的价格水平是否有显著差异。如果答案是肯定的，那么二者不属于同一个相关市场，否则，二者属于同一个相关市场。[②]

价格调整速度检验的核心思想是通过考察两种产品价格的相对调整速度或绝对调整速度来界定相关市场。Mathis、Harris 和 Boehlje 提出了相对调整速度检验。[③] 他们认为，如果两种产品价格具有相似的相对调整速度（相对于基准产品或区域），那么它们将属于同一个相

---

① Areeda, P. E. and D. F. Turner, *Antitrust Law*, Boston：Little, Brown & Co., 1978.

② Shrieves, R., "Geographic Market Areas and Market Structure in the Bituminous Coal Industry," *Antitrust Bulletin*, 1978（23），pp. 589-625.

③ Mathis, S. A., D. G. Harris and M. Boehlje, "An Approach to the Delineation of Rural Banking Markets," *American Journal of Agricultural Economics*, 1978（60），pp. 601-608.

关市场。Horowitz 提出了绝对调整速度检验，其思想是：如果两种产品处于同一个相关市场，那么它们的短期价格差异将收敛于长期价格差异。[1] 他通过估计一个 AR（1）模型来获得收敛速度，其中变量为两种产品的同期价格差。他认为如果收敛速度超过某一临界值，那么它们将处于同一个相关市场。

Stigler 和 Sherwin 提出了价格相关系数检验，其核心思想是两种产品或地理区域之间的价格相关系数越高，它们处于同一个相关市场的概率越大。[2] 为了避免产品价格之间存在虚假的相关性，他们建议在计算相关系数时采用价格或价格对数的一阶差分序列，因为现实中大多数价格序列都是一阶单整的。也就是说，要采用平稳的价格序列来计算相关系数。

由于价格相关系数检验是一种静态的价格相关分析，不能揭示产品价格之间的动态相关性，也不能揭示它们之间的因果关系。另外，界定相关市场的标准，即相关系数的大小具有一定的武断性。为了解决这些问题，Uri、Howell 和 Rifkin[3]、Slade[4] 与 Cartwright、Kamerschen 和 Huang[5] 均提出了价格格兰杰因果检验，其核心思想是如果两种产品价格之间存在即时的格兰杰因果关系，那么它们将属于同一个相关市场。不过，他们进行格兰杰检验的思路不同。Uri、

---

[1] Horowitz, I., "Market Definition in Antitrust Analysis: A Regression-Based Approach," *Southern Economic Journal*, 1981, 48 (1), pp. 1-16.

[2] Stigler, G. J. and R. A. Sherwin, "The Extent of the Market," *Journal of Law and Economics*, 1985, 28 (3), pp. 555-585.

[3] Uri, N. D., J. Howell and E. J. Rifkin, "On Defining Geographic Markets," *Applied Economics*, 1985 (17), pp. 959-977.

[4] Slade, M. E., "Exogeneity Tests of Market Boundaries Applied to Petroleum Products," *Journal of Industrial Economics*, 1986, 34 (3), pp. 291-303.

[5] Cartwright, P. A., D. R. Kamerschen and Mei-ying Huang, "Price Correlation and Granger Causality Tests for Market Definition," *Review of Industrial Organization*, 1989, 4 (2), pp. 79-98.

Howell 和 Rifkin 通过构建一个渐进的弱 Pierce-Haugh 统计量来进行格兰杰检验。[1] Slade 通过构建一个 ADL 模型来进行格兰杰检验。[2] Cartwright、Kamerschen 和 Huang 则在进行格兰杰检验时构建了一个简捷的多元 ARMA 模型。[3]

从短期来看，大多数产品价格都会因供需因素的影响而出现波动，同一个市场上的产品价格也可能存在差异。从长期来看，"同质同价"法则总是成立的。在此理论基础上，Ardeni[4] 和 Whalen[5] 提出了价格协整检验，其核心思想是如果两种产品价格之间存在协整关系，那么它们将很可能来自同一个相关市场。Walls 利用价格协整检验考察了美国天然气行业的相关地域市场界定问题。[6]

在学者们纷纷提出各种价格相关性检验时，Werden 和 Froeb 提出了不同的意见。[7] 他们认为，价格相关性检验的理论基础是经济学中的套利理论，其所采用的市场概念为经济学意义上的市场，而不是反垄断意义上的市场。因此，如果采用价格相关性检验界定相关市场，

① Uri, N. D., J. Howell and E. J. Rifkin, "On Defining Geographic Markets," *Applied Economics*, 1985 (17), pp. 959–977.

② Slade, M. E., "Exogeneity Tests of Market Boundaries Applied to Petroleum Products," *Journal of Industrial Economics*, 1986, 34 (3), pp. 291–303.

③ Cartwright, P. A., D. R. Kamerschen and Mei-ying Huang, "Price Correlation and Granger Causality Tests for Market Definition," *Review of Industrial Organization*, 1989, 4 (2), pp. 79–98.

④ Ardeni, P., "Does the Law of One Price Really Hold for Commodity Prices?" *American Journal of Agricultural Economics*, 1989, 71 (3), pp. 661–669.

⑤ Whalen, G., "Time Series Methods in Geographic Market Definition in Banking," Paper Presented at the Atlantic Economic Association Meetings, 1990.

⑥ Walls, W. D., "A Cointegration Rank Test of Market Linkages with an Application to the U.S. Natural Gas Industry," *Review of Industrial Organization*, 1994 (9), pp. 181–191.

⑦ Werden, G. J. and L. M. Froeb, "Correlation, Causality, and All That Jazz: The Inherent Shortcomings of Price Tests for Antitrust Market Delineation," *Review of Industrial Organization*, 1993, 8 (3), pp. 329–353.

那么可能会得出错误的结论。Baker 表达了类似观点。[1] 他指出，价格相关性检验很难识别出产品之间的替代性，而这恰恰是界定相关市场的目的。

以假定垄断者测试为标杆，Werden 和 Froeb 分别指出了以上价格相关性检验存在的不足，概括起来有如下几点：（1）两种产品的价格水平相当、具有相似的调整速度或存在即时的格兰杰因果关系既不是它们属于同一个相关市场的充分条件也不是必要条件，并且两种产品价格之间是否存在即时的格兰杰因果关系依赖于观测频率；（2）价格相关系数检验不能反映价格上涨前后价格成本之比的变化，而该变化是评估市场支配力的关键；它只能逐个考察某一产品与备选市场内的所有产品之间的相关性，如果该产品与备选市场的某些产品存在高度相关性，而与其他一些产品不存在相关性或相关系数较小，那么该方法将会遇到问题；（3）如果价格序列不存在单位根，那么价格协整检验将会失效，而现实中价格序列往往没有单位根；（4）反垄断执法机构关注的是某个案件是否会有损相关市场的未来竞争，因此采用历史数据来界定相关市场存在潜在问题。[2]

针对 Werden 和 Froeb[3] 的批评，Shrieves 进行了反驳。[4] 他认为Werden 和 Froeb 所依据的假定垄断者测试只适用于并购案例，而且该

---

① Baker, J. B., "Market Definition: An Analytical Overview," *Antitrust Law Journal*, 2007 (74), pp. 129–173.

② Werden, G. J. and L. M. Froeb, "Correlation, Causality, and All That Jazz: The Inherent Shortcomings of Price Tests for Antitrust Market Delineation," *Review of Industrial Organization*, 1993, 8 (3), pp. 329–353.

③ Werden, G. J. and L. M. Froeb, "Correlation, Causality, and All That Jazz: The Inherent Shortcomings of Price Tests for Antitrust Market Delineation," *Review of Industrial Organization*, 1993, 8 (3), pp. 329–353.

④ Shrieves, R., "Geographic Market Areas and Market Structure in the Bituminous Coal Industry," *Antitrust Bulletin*, 1978 (23), pp. 589–625.

方法自身也并不是完美无缺的，以一个不完美的方法为标准去评判其他方法的缺陷是不公平的。①

不管是 Werden 和 Froeb 击中了价格相关性检验的要害，还是经济学家们对价格相关性检验失去了兴趣，结果是自这篇文章发表后的将近 20 年里这方面的文献数量几乎没有增长。②

Forni 提出了价格平稳性检验，其核心思想是：如果两种产品价格对数的一阶差分序列是非平稳的，那么它们属于两个相关市场。③如果两种产品的价格序列是非平稳的，而对数价格的一阶差分序列是平稳的，那么它们可能属于同一个相关市场。虽然该方法与同类方法相比在某些方面有一定改进，但是仍存在很多问题。Hosken 和 Taylor 指出，该方法所采用的 ADF 和 KPSS 检验不是最优的，使用过程中需要大量很难获得的关于所研究市场的制度方面的信息等，而这些对于方法的有效性而言至关重要。④ Genesove 则指出在一些特殊情况下，价格平稳性检验将得出错误的结论。⑤

此外，Coe 和 Krause 通过模拟工具比较了各种价格相关性检验的有效性，模拟结果表明，在没有共同冲击（比如原材料成本变动、

---

① Werden, G. J. and L. M. Froeb, "Correlation, Causality, and All That Jazz: The Inherent Shortcomings of Price Tests for Antitrust Market Delineation," *Review of Industrial Organization*, 1993, 8 (3), pp. 329-353.

② Werden, G. J. and L. M. Froeb, "Correlation, Causality, and All That Jazz: The Inherent Shortcomings of Price Tests for Antitrust Market Delineation," *Review of Industrial Organization*, 1993, 8 (3), pp. 329-353.

③ Forni, M., "Using Stationary Tests in Antitrust Market Definition," *American Law and Economics Review*, 2004, 6 (2), pp. 441-464.

④ Hosken, Daniel, Christopher T. Taylor, "Discussion of 'Using Stationarity Tests in Antitrust Market Definition'," *American Law and Economics Review*, 2004, 6 (2), pp. 465-475.

⑤ Genesove, David, "Comment on Forni's 'Using Stationarity Tests in Antitrust Market Definition'," *American Law and Economics Review*, 2004, 6 (2), pp. 476-478.

通货膨胀等）的情形下，价格相关系数检验可以为相关市场界定提供可靠的证据，而其他价格相关性检验则几乎不能为反垄断执法者提供有价值的信息。[①]

学者们对价格相关性检验的指责主要体现在如下几个方面：（1）当备选市场上有多种产品，且每种产品有多种价格时，应该选择何种价格来进行价格相关性检验。[②]（2）如何选择恰当的价格观测频率。我们知道，价格等同性检验、价格调整速度检验和价格格兰杰因果检验等方法的检验结果都依赖于价格的观测频率。[③]（3）随着运输成本和交易成本的变化，价格序列可能是发散的，此时很多价格相关性检验都是失效的，比如绝对的价格调整速度检验。[④]（4）两种产品价格之间可能存在虚假关系，如一些共同因素（通货膨胀、共同投入品的价格等）的变化使得不存在替代性的产品价格之间高度相关。这是学界共识。（5）价格同一性是产品构成相关市场的必要条件而不是充分条件。[⑤]

当然，价格相关性检验也并非一无是处。Areeda 和 Turner 指出，价格相关性检验是一种界定相关地域市场的最好方法，至少在许多案

---

① Coe, P. J. and D. Krause, "An Analysis of Price-Based Tests of Antitrust Market Delineation," *Journal of Competition Law and Economics*, 2008, 4 (4), pp. 983 – 1007.

② Elzinga, K. G. and T. F. Hogarty, "The Problem of Geographic Market Delineation in Antimerger Suits," *Antitrust Bulletin*, 1973, 18 (1), pp. 45 – 81.

③ Werden, G. J. and L. M. Froeb, "Correlation, Causality, and All That Jazz: The Inherent Shortcomings of Price Tests for Antitrust Market Delineation," *Review of Industrial Organization*, 1993, 8 (3), pp. 329 – 353; Motta, M., *Competition Policy: Theory and Practice*, New York: Cambridge University Press, 2004.

④ Stigler, G. J. and R. A. Sherwin, "The Extent of the Market," *Journal of Law and Economics*, 1985, 28 (3), pp. 555 – 585; Motta, M., *Competition Policy: Theory and Practice*, New York: Cambridge University Press, 2004.

⑤ Tirole, J., *The Theory of Industrial Organization*, Cambridge Mass: The MIT Press, 1988.

例中该方法都是有效的。[①] 的确，价格相关性检验的大部分文献都是在界定相关地域市场的过程中提出来的。

　　总的来说，价格相关性检验的最大缺陷是两种产品价格之间的高度相关性既不是它们属于同一个相关市场的充分条件也不是必要条件。但是，该方法比较简单，具有很好的经济学基础。在产品相对同质的案例中（如石油和天然气市场的反垄断案件），它可以用来界定相关地域市场。

2.2.2　运输流量测试

　　Elzinga 和 Hogarty 首次提出了运输流量测试，[②] 其核心思想是：若在某地域市场上当地生产的某种产品的消费量占该市场总消费量的比率［称为小幅进口率（LIFO，Little in from Outside）］和当地生产当地消费量占该市场总生产量的比率［称为小幅出口率（LOFI，Little out from Inside）］均达到某一标准[③]，那么该地域市场就构成一个相关地域市场。

　　Shrieves 指出，[④] 如果 Elzinga 和 Hogarty[⑤] 方法的分析起点选择不

[①] Areeda, P. E. and D. F. Turner, *Antitrust Law*, Boston: Little, Brown & Co., 1978.

[②] Elzinga, K. G. and T. F. Hogarty, "The Problem of Geographic Market Delineation in Antimerger Suits," *Antitrust Bulletin*, 1973, 18 (1), pp. 45-81.

[③] Elzinga 和 Hogarty（1973）建议，弱市场的标准为 0.75，即这两个比率均达到 0.75；强市场的标准为 0.9。Elzinga 和 Hogarty（1978）将标准修正为 LIFO 且 LOFI 的平均值为 0.9。但是，临界值的选择缺乏可靠的理论基础，具有一定的武断性。Elzinga, K. G. and T. F. Hogarty, "The Problem of Geographic Market Delineation in Antimerger Suits," *Antitrust Bulletin*, 1973, 18 (1), pp. 45-81; Elzinga, K. G. and T. F. Hogarty, "The Problems of Geographic Market Delineation Revisited: The Case of Coal," *Antitrust Bulletin*, 1978, 23 (1).

[④] Shrieves, R., "Geographic Market Areas and Market Structure in the Bituminous Coal Industry," *Antitrust Bulletin*, 1978 (23), pp. 589-625.

[⑤] Elzinga, K. G. and T. F. Hogarty, "The Problem of Geographic Market Delineation in Antimerger Suits," *Antitrust Bulletin*, 1973, 18 (1), pp. 45-81.

当，那么其计算量将较大。另外，该方法不适用于煤炭等生产设施受地理因素影响较大的行业。在此基础上，他提出了一种新的分析思路。他认为，只有当两个区域的大部分消费来自同一个供应商，即拥有相似的供给模式时，它们才可能构成一个相关地域市场。为此，他构造了两个指标——供给模式相似度和消费地活跃度。

供给模式相似度：$S_{ik} = \sum_{j=1}^{m} \min\left(\dfrac{q_{ij}}{q_i}, \dfrac{q_{kj}}{q_k}\right)$

消费地活跃度：$L_{ik} = \sqrt{\dfrac{1}{n} \sum_{j=1}^{m} \dfrac{q_{ij}}{q_j} \dfrac{q_{kj}}{q_j}}$

其中，q_{ij} 和 q_{kj} 分别为从生产地 j 运到消费地 i 和 k 的运输量，q_i 和 q_k 分别为从所有 m 个生产地运到消费地 i 和 k 的运输总量，q_j 为从生产地 j 运到所有消费地的运输总量，n 是同时供应消费地 i 和 k 的生产地的个数。

如果 $S_{ik} > 0.5$ 和 $L_{ik} > 0.05$ 同时得到满足，那么 Shrieves 就认为，消费地 i 和 k 属于同一个相关地域市场。[1] 当然，他也承认该标准具有一定的武断性。

的确，运输流量测试只需要运输流量的数据，方法比较简单，而且采用的运输流量是客观存在的，具有可验证性。同时，由于该方法只采用了运输量的信息，可能会产生错误的结果。Werden 认为[2]，Elzinga 和 Hogarty[3] 及 Shrieves[4] 提出的运输流量测试都存在致命的理论缺陷，即该方法无法给出两个区域的需求交叉弹性信息，而需求交

① Shrieves, R., "Geographic Market Areas and Market Structure in the Bituminous Coal Industry," *Antitrust Bulletin*, 1978 (23), pp. 589-625.

② Werden, G. J., "The Use and Misuse of Shipments Data in Defining Geographic Markets," *Antitrust Bulletin*, 1981 (26), pp. 719-737.

③ Elzinga, K. G. and T. F. Hogarty, "The Problem of Geographic Market Delineation in Antimerger Suits," *Antitrust Bulletin*, 1973, 18 (1), pp. 45-81.

④ Shrieves, R., "Geographic Market Areas and Market Structure in the Bituminous Coal Industry," *Antitrust Bulletin*, 1978 (23), pp. 589-625.

叉弹性信息才是界定相关市场的关键。[①] 由此，该方法可能会产生两大错误：一是将一个相关地域市场误认为两个；二是无法将一个相关地域市场细分为两个。

Stigler 和 Sherwin[②]、Baker[③] 则从根本上否定了运输流量测试。前者认为，两个区域之间是否存在显著的运输流量既不是两地属于同一个相关地理市场的充分条件，也不是必要条件[④]，所以运输流量测试是失效的。后者指出，如果只利用运输流量信息，该方法可能低估或高估相关市场边界。如果要提高该方法的准确性，我们需要获得需求弹性等信息。如果可以获得需求弹性等信息，也就没有必要使用运输流量测试了。

总的来说，虽然运输流量测试存在很多缺陷，但是它仍可以为相关市场界定提供一些有用的信息。在其他方法不可用时，它也可以用来界定相关地理市场，但要谨慎使用。[⑤]

[①] 其实，利用交叉弹性信息来界定相关市场也可能出错。比如，产品 B 对产品 A 的交叉弹性较大，但是它的生产能力有限，而产品 C 对产品 A 的交叉弹性虽然相对较小，但它有充足的生产能力。在这种情况下，产品 C 对产品 A 的有效约束力很可能大于产品 B。我们知道，反垄断最终关注的是哪个市场参与者可以有效约束并购企业的行为，而不是其他。

[②] Stigler, G. J. and R. A. Sherwin, "The Extent of the Market," *Journal of Law and Economics*, 1985, 28（3）, pp. 555-585.

[③] Baker, J. B., "Market Definition: An Analytical Overview," *Antitrust Law Journal*, 2007（74）, pp. 129-173.

[④] 的确，两个区域之间存在显著的运输流量不是它们处于同一个相关市场的充分条件，却是它们处于同一个相关市场的必要条件。我们设想一下，两个老死不相往来的区域会处于同一个相关市场吗？在短期内，同一个市场内的两个区域之间可能没有运输流量，但是，从长期来看，它们不可能没有贸易往来，因为根据经济学的同质同价理论，同一个市场内一个地域的销售条件变化肯定会传导到另一个区域。

[⑤] Motta, M., *Competition Policy: Theory and Practice*, New York: Cambridge University Press, 2004; Coate, M. B. and J. H. Fischer, "A Practical Guide to the Hypothetical Monopolist Test for Market Definition," *Journal of Competition Law and Economics*, 2008, 4（4）, pp. 1031-1063; Blair, R. D. and D. L. Kaserman, *Antitrust Economics*（2th ed.）, New York: Oxford University Press, 2009.

2.3 本章小结

相关市场界定是反垄断领域的核心问题。自 1948 年哥伦比亚钢铁公司案中，美国最高法院首次使用了"相关市场"一词以来，有关当局和学者提出了诸多界定相关市场的方法。目前相关市场的界定方法主要分为三大类：一是早期案例中提出的方法，包括需求交叉弹性法、"合理的互换性"测试、"独有的特征和用途"测试、子市场和聚类市场法；二是基于套利理论的方法，主要包括价格相关性检验和运输流量测试；三是假定垄断者测试及其具体的执行方法，包括临界损失分析、临界弹性分析、转移率分析、剩余需求分析和机会成本法。本章对前两类方法进行了简要述评，第三类方法将在下文进行详细介绍。

早期案例中提出的方法在 1982 年假定垄断者测试提出之后，已经很少在反垄断案件中被采用。价格相关性检验的最大缺陷是两种产品价格之间的高度相关性既不是它们属于同一个相关市场的充分条件也不是必要条件。运输流量测试的致命缺陷是无法给出两个区域的交叉需求弹性信息，而交叉需求弹性信息才是界定相关市场的关键。虽然基于套利理论的方法具有很好的经济学基础，但是由于上述致命的缺失，这些方法在现实中也基本被弃用。

第3章 假定垄断者测试及其执行方法

3.1 假定垄断者测试

假定垄断者测试（Hypothetical Monopolist Test，HMT），也称为SSNIP（Small but Significant and Nontrasitory Increase in Price）测试，是1982年美国《横向并购指南》中提出的一种抽象的、界定相关市场的分析范式，其核心思想是假设两家或多家企业通过并购成为某个市场的垄断者，在其他条件不变的前提下，考察该（追求利润最大化的）垄断者是否可以或将会以小幅的、显著的、非暂时的方式提高产品价格。如果答案是肯定的，假定垄断者所处的市场将构成相关市场；否则，拓展假定垄断者所控制的产品或地域范围，直到答案变为肯定。从理论上看，假定垄断者测试几乎是完美无缺的，但在实践中还存在诸多问题，主要体现在以下几个方面。

3.1.1 HMT 的可操作性

Stigler 和 Sherwin 认为，即使通过强制手段，当前的调查方法也无法获得 HMT 所需要的数据，所以它完全不具有可操作性。[1]

---

[1] Stigler, G. J. and R. A. Sherwin, "The Extent of the Market," *Journal of Law and Economics*, 1985, 28 (3), pp. 555-585.

Werden 则认为 HMT 具有可操作性，因为 HMT 只是一种分析范式，在相关市场的界定过程中，没有必要严格按照 HMT 的每一步来进行，也没有必要获取全部的精确数据。[①] 事实上，所有的方法都具有可操作性，只不过界定结果的准确性依赖于所获取的数据质量。

3.1.2 基准价格的选择

基准价格的理想选择是竞争性价格，但是现实中很难得到它[②]，比较现实的选择是当前价格。Schmalensee 认为，在当前的价格水平已经接近或达到垄断水平时，以当前价格为基点，HMT 会界定较宽的相关市场，从而使得一些明显具有反竞争效应的反垄断案件逃过处罚，产生所谓的"玻璃纸谬误"（Cellophane Fallacy）。[③] Werden 则指出，如果预计到未来价格会下降，那么基准价格应选择"可能的未来价格"。[④] 问题的关键在于，现实中如何判断当前价格在从竞争性价格到垄断价格这个价格谱系中所处位置，或者当前价格的未来走势。换句话说，争辩双方都没有解决基准价格的选择难题。

3.1.3 SSNIP 的含义

目前世界各国基本上认同《横向并购指南》将 SSNIP 规定为持续 1 年的 5%～10% 的价格上涨。学者争议的焦点是 5%～10% 是

---

① Werden, G. J., "Market Delineation and the Justice Department's Merger Guidelines," *Duke University School of Law*, 1983 （3）, pp. 514-579.

② 如果可以获得竞争性价格，那么通过将它与当前价格进行对比，我们就可以判断某个市场参与者是否具有市场支配力，也就没有必要费尽周折首先界定相关市场，然后根据市场结构的变化来判断某个市场参与者是否具有市场支配力。

③ Schmalensee, R., "Horizontal Merger Policy: Problems and Changes," *Journal of Economic Perspective*, 1987, 1 （2）, pp. 41-54.

④ Werden, G. J., "The History of Antitrust Market Delineation," *Marquette Law Review*, 1993 （76）, pp. 123-215.

市场支配力的容忍度还是价格上涨的显著程度。Pitofsky 认为，5%
是容忍度，也就是说，即使产品价格已经从当前价格上涨到垄断价
格，如果上涨幅度小于 5%，那么也不认为该产品的假定垄断者具
有市场支配力。[1] Werden 则认为，5% 是显著程度，也就是说，在
达到最优价格之前，只有产品价格的上涨幅度超过 5%，才认为该
产品的假定垄断者拥有市场支配力。[2] 其言外之意是假如在价格上
涨幅度小于 5% 时，假定垄断者已经实现利润最大化，那么毫无疑
问此时假定垄断者已经拥有市场支配力。问题的关键在于，在具体
操作中如何判断价格上涨 5% 时假定垄断者是否已经实现利润最大
化。如果在 5%~10% 这个区间内，选择不同的价格上涨幅度将界
定出不同的相关市场，又应该怎么办？目前这些问题仍没有得到有
效解决。

3.1.4 初始备选市场的选择

《横向并购指南》规定，HMT 应以并购双方的某种或某些产品为
分析起点。《关于相关市场界定的指南》规定，HMT 应以反垄断执法
机构所关注的产品为分析起点。问题的关键在于如何界定相关产品。
以可口可乐拟并购汇源案为例，将相关产品界定为 1.5 升的瓶装可乐
和利乐装汇源果汁等具体产品，还是碳酸饮料和果汁（包括果汁饮
料）等分类产品，抑或软饮料这一大类产品？赋予相关产品不同的
内涵将很可能界定出不同的相关市场，因为产品内涵在一定程度上决
定了其需求价格弹性。

---

[1] Pitofsky, R., "New Definitions of Relevant Market and the Assault on Antitrust,"
Columbia Law Review, 1990, 90 (7), pp. 1805-1864.

[2] Werden, G. J., "Four Suggestions on Market Delineation," *Antitrust Bulletin*,
1992, 37 (1), pp. 107-121.

总的来说，假定垄断者测试既不像 Kaplow[①] 说的那样一无是处，也不是完美无缺的，但它是目前最好的相关市场界定范式。由于直接采用 HMT 界定相关市场需要的信息量较大，操作起来比较困难，现实中很少采用。目前世界各国反垄断当局主要采用 HMT 的具体执行方法来界定相关市场，主要有两种思路：一是通过考察涉案企业和假定垄断者之间的定价激励差异[②]来界定相关市场，主要包括临界损失分析、转移率分析、临界弹性分析和机会成本法；二是通过构建寡头竞争模型，直接评估假定垄断者控制价格的能力，主要有剩余需求分析。

3.2 临界损失分析

Harris 和 Simons 首次提出了临界损失分析（Cirtical Loss Analysis，CLA），[③] 其核心思想与 HMT 相同，实施步骤非常简单。首先，根据价格上涨前后假定垄断者维持利润不变或假定垄断者实现利润最大化的假设条件，推算出临界损失；其次，通过估计需求函数或问卷调查等方法估算实际损失；最后，通过比较临界损失和实际损失以界定相关市场。学者们对 CLA 的核心思想和实施步骤没有异议，争论的焦点主要为 CLA 的具体操作方法。

---

① Kaplow, Louis, "Why Ever Define Markets?" *Harvard Law Review*, 2010, 124 (2), pp. 438 – 517; Kaplow, Louis, "Market Definition and the Merger Guidelines," *Review of Industrial Organization*, 2011, 39 (1), pp. 107–125.

② 并购前的企业在定价时不考虑替代品之间的负外部性，而假定垄断者则需要内化这种负外部性。从需求的角度看，替代品之间的负外部性是指提高一种产品的销量会降低其替代品的销量；从成本的角度看，它是指提高一种产品销量需要付出一定的机会成本，即其替代品的利润损失。

③ Harris, B. C. and J. J. Simons, "Focusing Market Definition: How Much Substitution is Necessary?" *Research in Law and Economics*, 1989 (12), pp. 207–226.

3.2.1　损失的内涵和衡量指标

目前，有关临界损失分析的许多争论都是由学者们对损失内涵的理解不同造成的。据 Kate 和 Niels 统计，"损失"主要有三种定义：第一，在同质产品情形下，一种产品价格上涨 SSNIP 时的损失；[①] 第二，在一组差异化产品情形下，一种产品价格上涨 SSNIP 时的损失；第三，在一组差异化产品情形下，所有产品价格上涨 SSNIP 时的损失。事实上，还有一种解释，即可变价格上涨情形下的损失，即假定垄断者在追求利润最大化过程中，针对不同产品采取不同的涨价策略。

如果备选市场上所有产品的毛利润率均相等，那么采用销量的变化率来度量损失比较合适。如果备选市场上所有产品的毛利润率并不完全相同，那么用销量的变化率来度量损失将可能出错，因为毛利润率不等的两种产品的同等销量对假定垄断者的意义是不同的。[②] 在这种情形下，Kate 和 Niels 建议用销售额的变化率来度量损失。[③]

当备选市场上有多种产品时，损失还有总损失和净损失之分。总损失是指备选市场上某种或某些产品价格上涨某一幅度后，某种产品转移到备选市场内外的销量或销售额。净损失是指备选市场上某种或某些产品价格上涨某一幅度后，转移到备选市场外的销量或销售额。

---

① 由于市场产品是同质的，也就是说，市场上只有一种产品，不存在将所有产品同时提高相同幅度或不同幅度的情形。Katc, A. T. and G. Niels, "The Relevant Market: A Concept Still in Search of a Definition," *Journal of Competition Law and Economics*, 2009, 5 (2), pp. 297-333。

② 举个例子，1 单位毛利润率为 90% 的产品对假定垄断者的利润的贡献是 1 单位毛利润率为 30% 的产品对假定垄断者的利润的贡献的 3 倍。

③ Kate, A. T. and G. Niels, "The Relevant Market: A Concept Still in Search of a Definition," *Journal of Competition Law and Economics*, 2009, 5 (2), pp. 297-333.

在具体案例中，采用不同的指标来度量损失，可能会界定出不同的相关市场。因此，对损失的正确度量非常重要。目前学者们基本上都以销量变化率来度量损失。

3.2.2　如何估算临界损失

不管用销量的变化率还是用销售额的变化率来度量损失，临界损失的计算公式中总会出现毛利润率。因此，估算毛利润率成为测度临界损失的关键。

3.2.2.1　情景1：备选市场上只有一种产品

当备选市场上只有一种产品，目前估算毛利润率的思路主要有以下几种。

第一，用平均可变成本来估算毛利润率。Danger 和 Frech 则认为，如果在实践中用平均可变成本来近似边际成本，那么反垄断执法机构将会界定出过宽的、主观性较强的相关市场，因为只要分析起点位于平均可变成本曲线最低点的右边，那么用平均可变成本近似边际成本将会高估毛利润率，从而低估临界损失。[①]

第二，通过估计成本函数来估算毛利润率。O'Brien 和 Wickelgren认为，估算毛利润率的理想方式是根据产出和要素价格估计成本函数。[②] 如果由于数据限制成本函数无法被估计出来，可以用会计数据来估算毛利润率，但是要用最优价格决策等其他信息来矫正估算结果。

第三，用平均边际成本来估算毛利润率。Coate 和 Williams 指出，如果临界损失分析的起点是竞争性均衡，并假设平均可变成本等于边

① Danger, K. L. and H. E. Frech Ⅲ, "Critical Thinking about Critical Loss in Antitrust," *Antitrust Bulletin*, 2001, 46 (2), pp. 339-355.

② O'Brien, D. P. and A. L. Wickelgren, "A Critical Analysis of Critical Loss Analysis," *Antitrust Law Journal*, 2003 (71), pp. 161-184.

际成本，那么此时会出现毛利润率为 0 的假设与现实中毛利润率为正的事实不符，临界损失分析失效，或者临界损失分析仅适用于特殊情形。[①] 为了拓展临界损失分析的适用范围，他们建议采用平均边际成本替代平均可变成本来估算毛利润率。虽然经过修正后的临界损失分析适用于更广的成本结构，但是这也增加了实际操作的难度。他们承认，在实践中很难估计出边际成本的弹性，也很难获得价格上涨后的平均可变成本。

Einav 和 Levin 指出，估算毛利润率的难点在于估计边际成本，而估算边际成本是实证产业组织的一大难题，至今仍没有很好的解决方法。[②] 在具体案例中，一般可以从企业的财务报表中找到收入和成本数据，匡算涉案企业的毛利润率。当然，这种估算方法也有很大的局限性，但是它具有很强的可操作性。

3.2.2.2　情景2：备选市场上有两种及以上产品

如果备选市场上有多种产品，那么采用哪个毛利润率来计算临界损失？对于该问题，目前主要有以下两种解决思路。

第一，将多种产品的毛利润率按照某种方式加权，然后用加权后的毛利润率来计算临界损失，或者用某个代表性企业的毛利润率来计算临界损失。Katz 和 Shapiro 认为，由于大部分价格和成本等可用数据基本上都来自并购双方，在实践中一般认为，并购双方的毛利润率是相应产业中具有代表性的。[③] 因此，实践中一般将并购双方的价格

---

① 比如，假定垄断者拥有 L 型成本结构的可能性。当一个产业在起点存在能力约束或将长期成本纳入定价体系时，会出现 L 型成本结构。Coate, M. B. and M. D. Williams, "Generalized Critical Loss for Market Definition," *Research in Law and Economics*, 2007（22），pp. 41-58。

② Einav, L., Levin, J., "Empirical Industrial Organization: A Progress Report," *Journal of Economic Perspectives*, 2010, 24（2），pp. 145-162.

③ Katz, M. and C. Shapiro, "Critical Loss: Let's Tell the Whole Story," *Antitrust*, 2003, 17（2），pp. 49-56.

和成本数据作为估算假定垄断者有关计算的基础。[1] 事实上，只有某行业中排名靠前的企业之间的并购重组才需要反垄断当局做出复杂的经济分析。此时，并购双方一般都拥有高于行业平均水平的毛利润率。因此，在其他条件不变的前提下，采用并购方的毛利润率代替行业毛利润率会低估临界损失，从而界定出过宽的相关市场。

第二，沿着 Harris 和 Simons[2] 的思路，重新推导临界损失公式。学者们在不同的假设条件下，得到了许多新的临界损失公式。在一系列假设条件下[3]，Daljord、Sorgard 和 Thomassen[4] 推导出单一价格上涨[5]情景下的临界损失[6]：

$$CL = \frac{t}{t + m_1}(1 + \lambda D)$$

其中，$m_1 = \dfrac{p_1 - c_1}{p_1}$，$\lambda = \dfrac{p_2 - c_2}{p_1 - c_1}$，$D = \dfrac{\partial q_2}{\partial p_1} \Big/ \dfrac{\partial q_1}{\partial p_1}$

---

[1] 另外，Katz 和 Shapiro 在第 30 个注释中提醒，如果产业的实际价格或边际成本数据与并购双方的相应数据不同，那么应该用这两套数据来进行临界损失分析，看结果是否相同。如果并购双方的价格和成本数据也不相同，这是实践中很可能出现的，那么这种情况下如何估算临界损失，学者们没有给出答案。

[2] Harris, B. C. and J. J. Simons, "Focusing Market Definition: How Much Substitution is Necessary?" *Research in Law and Economics*, 1989 (12), pp. 207-226.

[3] 假设备选市场上有两种产品：产品 1 和产品 2；假定垄断者只是将产品 1 的价格提高 t%；在价格上涨区间内产品 1 的边际成本不变；价格上涨 t% 前后假定垄断者的利润保持不变；价格上涨前后假定垄断者均实现了利润最大化或价格上涨区间内需求自价格弹性不变。

[4] Daljord, O., L. Sorgard and O. Thomassen, "The SSNIP Test and Market Definition with the Aggregate Diversion Ratio: A Reply to Katz and Shapiro," *Journal of Competition Law and Economics*, 2008, 4 (2), pp. 1-8.

[5] 单一价格上涨方式是指假定垄断者只提高备选市场上一种产品的价格，即使备选市场上有多种产品。

[6] 由于没有考虑产品 1 的价格上涨后，一部分产品 1 的消费者会转向购买产品 2，依据上式计算出的临界损失是一种总损失。

在不同的假设条件下[1]，Kate 和 Niels[2] 推导出单一价格上涨情景下的临界总损失和临界净损失，以及统一价格上涨情景下的临界损失：

$$CL_{gross}^{s} = \frac{\Delta q_k}{q_k} = \frac{t}{t + m(1 - D)}$$

$$CL_{net}^{s} = \frac{\Delta q_k(1 - D)}{q_k} = \frac{t(1 - D)}{t + m(1 - D)}$$

$$CL_{gross}^{u} = \sum_i p_i \Delta q_k \bigg/ \sum_i p_i q_i = \frac{t}{t + m}$$

对比单一价格上涨情景下，Daljord、Sorgard 和 Thomassen[3] 与 Kate 和 Niels[4] 的假设条件和推导过程，我们发现：首先，前者在推导过程中利用了 Lerner 方程，其结果依赖于 Lerner 方程，而后者只是一种算术过程，其结果不依赖于任何经济理论；其次，前者使用的转移率是销量概念，而后者使用的则是销售额概念；最后，前者假设两种产品的毛利润率不同，后者假设 n 种产品具有相同的毛利润率。显然，前者的假设更符合实际。

既然在不同的假设条件下可以推导出不同的临界损失公式，那么在具体操作中，应该采用哪种公式呢？实际上，当备选市场上有两种及以上产品时，现在所有的公式都是错误的，因为根据价格上涨前后

---

[1] 假设备选市场上有 n 种产品，具有相同的边际成本 m，且在价格上涨区间内保持不变；假定垄断者将产品 k 的价格提高 $t\%$ 后，备选市场上产品 k 到其他 $n-1$ 个产品的加总转移率为 D；价格上涨前后假定垄断者的利润保持不变。

[2] Kate, A. T. and G. Niels, "The Relevant Market: A Concept Still in Search of a Definition," *Journal of Competition Law and Economics*, 2009, 5 (2), pp.297-333.

[3] Daljord, O., L. Sorgard and O. Thomassen, "The SSNIP Test and Market Definition with the Aggregate Diversion Ratio: A Reply to Katz and Shapiro," *Journal of Competition Law and Economics*, 2008, 4 (2), pp.1-8.

[4] Kate, A. T. and G. Niels, "The Relevant Market: A Concept Still in Search of a Definition," *Journal of Competition Law and Economics*, 2009, 5 (2), pp.297-333.

假定垄断者的利润保持不变这一个约束条件无法求解出临界损失的显性表达式。[①]

3.2.3 如何估算实际损失

目前估算实际损失主要有三种思路：（1）通过估计需求系统，获得需求自价格弹性，然后用价格上涨率乘以需求自价格弹性来估算实际损失；（2）如果无法估计出需求系统，通过问卷调查或查阅相关企业文档等方法直接估算实际损失；（3）O'Brien 和 Wickelgren[②]与 Katz 和 Shapiro[③]指出，在一些并购案例[④]中，通过调查问卷等方法直接估算的实际损失有时候与经济理论是相悖的，因为毛利润率较高的企业面临的需求弹性也往往较小[⑤]，较高的毛利润率并不意味着较

[①] 黄坤：《企业并购审查中的相关市场界定：理论与案例》，社会科学文献出版社，2013。

[②] O'Brien, D. P. and A. L. Wickelgren, "A Critical Analysis of Critical Loss Analysis," *Antitrust Law Journal*, 2003（71），pp. 161-184.

[③] Katz, M. and C. Shapiro, "Critical Loss: Let's Tell the Whole Story," *Antitrust*, 2003, 17（2），pp. 49-56.

[④] O'Brien 和 Wickelgren（2003）、Katz 和 Shapiro（2003）指出，在一些采用临界损失分析的并购案例中，如 United States v. Mercy Health Services, 107 F. 3d. 632（8th Cir. 1997）；FTC v. Tenet Healthcare Corp., 186 F. 3d 1045（8th Cir. 1999）；State of California v. Sutter Health System, 84 F. Su 2d 1057（N. D. Calif. 2000）。O'Brien, D. P. and A. L. Wickelgren, "A Critical Analysis of Critical Loss Analysis," *Antitrust Law Journal*, 2003（71），pp. 161-184; Katz, M. and C. Shapiro, "Critical Loss: Let's Tell the Whole Story," *Antitrust*, 2003, 17（2），pp. 49-56。

[⑤] Langenfeld 和 Li（2001）与 Danger 和 Frech（2001）也意识到毛利润率与需求弹性之间的反比例关系，但是他们没有提出用这种关系来修正实际损失公式。Langenfeld, J., W. Li, "Critical Loss Analysis in Evaluating Mergers," *Antitrust Bulletin*, 2001, 46（2），pp. 299-337; Danger, K. L. and H. E. Frech Ⅲ, "Critical Thinking about Critical Loss in Antitrust," *Antitrust Bulletin*, 2001, 46（2），pp. 339-355。

宽的相关市场。因此，他们建议通过建立经济模型来估算实际损失。

在差异化产品市场上，由于假定垄断者拥有多种产品，当某种或所有产品价格上涨时，部分销量会发生内部转移，也就是说，同样的价格上涨幅度，假定垄断者的实际损失一般要小于单个企业的实际损失。[1] 因此，O'Brien 和 Wickelgren[2]、Katz 和 Shapiro[3] 认为，在估算实际损失时还需要考虑备选市场上产品之间的需求交叉价格弹性。

O'Brien 和 Wickelgren[4] 假设：（1）企业是利润最大化追求者；（2）并购前企业之间不存在共谋；（3）需求曲线和边际成本曲线不存在尖点；（4）在价格上涨区间内，边际成本不变；（5）需求曲线为线性或不变弹性函数；（6）市场上有 A 和 B 两种产品；（7）所有产品同时上涨相同幅度。通过建立 Bertrand 模型，他们推导出单个企业的实际损失：

$$AL = t(\eta^{own} - \eta^{cross})$$

其中，η^{cross} 为交叉价格弹性。

他们进一步假设，在价格上涨前，所有生产产品 A 和产品 B 的企业均实现了利润最大化，因而假定垄断者也实现了利润最大化。根据经济学理论，单个企业在利润最大化点上，Lerner 方程[5]成立。另

---

① 由于假定垄断者是当前和未来的某一种或一组产品的唯一生产者，而现实中每种产品均有多家企业生产，不管是单产品企业还是多产品企业，在面对同一价格上涨幅度时，假定垄断者的实际损失总会小于单个企业的实际损失。

② O'Brien, D. P. and A. L. Wickelgren, "A Critical Analysis of Critical Loss Analysis," *Antitrust Law Journal*, 2003（71）, pp.161-184.

③ Katz, M. and C. Shapiro, "Critical Loss: Let's Tell the Whole Story," *Antitrust*, 2003, 17（2）, pp.49-56.

④ O'Brien, D. P. and A. L. Wickelgren, "A Critical Analysis of Critical Loss Analysis," *Antitrust Law Journal*, 2003（71）, pp.161-184.

⑤ Lerner 方程。

外，他们假设所有生产产品 A 和产品 B 的企业均是对称的，即拥有相同的需求曲线和边际成本曲线，且起点的价格和销量也相同。这样，他们便可以将企业层级的实际损失加总为产品（市场）层级的实际损失。将 Lerner 方程代入上式，并将单个企业的实际损失进行加总，得到统一价格上涨①情景下的实际损失：

$$AL = \frac{t(1-D)}{m}$$

其中，D 为产品 A 和产品 B 之间的转移率。

由于他们假设备选市场上所有企业均是对称的，上述公式很容易推广到 n 种对称产品，只不过此时的转移率变为某种产品到其他 n−1 种产品的加总转移率。

Katz 和 Shapiro② 假设：（1）市场上存在多种产品；（2）所有产品拥有相同的毛利润率；（3）只提高一种产品 Z 的价格，其他产品的价格保持不变；（4）需求系统为线性需求形式。通过构建一个差异化产品模型，他们推导出单一价格上涨情景下的实际损失：

$$AL = \frac{(1-D)t}{m}$$

其中，D 为产品 Z 到其他产品的加总转移率。

如果产品 Z 和其他产品 O 的毛利润率不同，那么实际损失则

---

① 统一价格上涨方式是指假定垄断者将备选市场上所有产品的价格同时提高相同的幅度。现实中，企业为了实现利润最大化，既不会采用单一价格上涨方式，也不会采用统一价格上涨方式，而可能会根据每种产品的需求价格弹性不同，采取不同的价格上涨幅度，本书称为"可变价格上涨"。由于在可变价格上涨方式下，假定垄断者的行为比较复杂，很难得出简单的计算公式，学者们通常只分析单一价格上涨和统一价格上涨情景下的假定垄断者测试及其执行方法。

② Katz, M. and C. Shapiro, "Critical Loss: Let's Tell the Whole Story," *Antitrust*, 2003, 17（2）, pp. 49–56.

变为：

$$AL = (1 - \lambda D)t\eta^{own}$$

其中，$\lambda = (p^o - c^o) / (p^Z - c^Z)$。

他们进一步假设产品价格依次上涨相同的幅度，逐个判断某产品价格上涨 SSNIP 后假定垄断者是不是有利可图的。他们认为，当某种产品价格上涨 SSNIP 时，只要其他每种产品的加总转移率不会突然大幅度下降，那么上述模型便可以推广到统一价格上涨情景。

对比 O'Brien 和 Wickelgren[1] 与 Katz 和 Shapiro[2] 的假设条件与推导过程，有如下发现。

第一，虽然他们推导出的实际损失公式是完全相同的，但是他们赋予了转移率完全不同的内涵。前者的转移率是指其他产品价格提高后，这些产品的消费者转而购买目标产品的数量占目标产品销量的比例；后者的转移率是指目标产品的价格上涨后，目标产品的消费者转而购买备选市场上其他产品的数量占相应产品销量的比例的总和。

第二，在推导过程中，他们都利用了 Lerner 方程。与 O'Brien 和 Wickelgren[3] 不同的是，Katz 和 Shapiro[4] 并没有假设所有企业都是对称的，而是将企业毛利润率的倒数看作假定垄断者的需求弹性的上限，因为依据经济理论，在面对同一个价格上涨幅度时，单个企业面临的需求弹性要大于假定垄断者所面临的需求弹性。

---

[1] O'Brien, D. P. and A. L. Wickelgren, "A Critical Analysis of Critical Loss Analysis," *Antitrust Law Journal*, 2003 (71), pp. 161–184.

[2] Katz, M. and C. Shapiro, "Critical Loss: Let's Tell the Whole Story," *Antitrust*, 2003, 17 (2), pp. 49–56.

[3] O'Brien, D. P. and A. L. Wickelgren, "A Critical Analysis of Critical Loss Analysis," *Antitrust Law Journal*, 2003 (71), pp. 161–184.

[4] Katz, M. and C. Shapiro, "Critical Loss: Let's Tell the Whole Story," *Antitrust*, 2003, 17 (2), pp. 49–56.

与常用的实际损失公式相比，O'Brien 和 Wickelgren[1]、Katz 和 Shapiro[2] 推导出的实际损失公式中包含了备选市场上产品之间的转移率。由于转移率一般大于零，在其他条件不变的前提下，采用他们的实际损失公式会界定较窄的相关市场。

在差异化产品市场上，假定垄断者拥有多种产品，当某种或所有产品价格上涨时，部分销量的确会发生内部转移，所以在计算实际损失时，应该考虑消费者在产品之间的转移问题。但是，由于 O'Brien 和 Wickelgren[3]、Katz 和 Shapiro[4] 的实际损失公式在推导过程中使用了 Lerner 方程，这意味着该公式背后蕴含了一些较强的假设条件，而不单单是一个算术公式。因此，在使用过程中要非常谨慎。值得注意的是，在同质产品市场上，当所有产品的价格同时上涨某一幅度时，产品之间的转移率为 0。换句话说，常用的实际损失公式仅适用于同质产品市场，或者说假定垄断者测试的第一步，即备选市场上只有一种产品。

3.3 转移率分析

在批判临界损失分析的基础上，O'Brien 和 Wickelgren[5]、Katz 和

[1] O'Brien, D. P. and A. L. Wickelgren, "A Critical Analysis of Critical Loss Analysis," *Antitrust Law Journal*, 2003 (71), pp. 161-184.

[2] Katz, M. and C. Shapiro, "Critical Loss: Let's Tell the Whole Story," *Antitrust*, 2003, 17 (2), pp. 49-56.

[3] O'Brien, D. P. and A. L. Wickelgren, "A Critical Analysis of Critical Loss Analysis," *Antitrust Law Journal*, 2003 (71), pp. 161-184.

[4] Katz, M. and C. Shapiro, "Critical Loss: Let's Tell the Whole Story," *Antitrust*, 2003, 17 (2), pp. 49-56.

[5] O'Brien, D. P. and A. L. Wickelgren, "A Critical Analysis of Critical Loss Analysis," *Antitrust Law Journal*, 2003 (71), pp. 161-184.

Shapiro[1] 提出了执行 HMT 的新方法——转移率分析。实际上，该方法只是改变了临界损失分析中实际损失的估算方法，由从现实证据直接估算转到从特定经济模型中推导。学者们争论的焦点主要体现在以下几个方面。

3.3.1　Lerner 方程的成立条件和代表性

Scheffman 和 Simons[2] 指出，Lerner 方程并不是利润最大化假设的必然产物，而是利润最大化假设与暗含着一些较强假设的简单模型的共同产物。换句话说，O'Brien 和 Wickelgren[3]、Katz 和 Shapiro[4]，以及 Daljord、Sorgard 和 Thomassen[5] 所依据的 Lerner 方程并不总是成立。比如，在需求函数或成本函数存在尖点（kinks）时，Lerner 方程便不成立。在谈判定价的产业，Lerner 方程也并不总是成立。另外，他们指出，价格和毛利润率由机会成本、讨价能力（bargaining leverage）、竞争程度和长期考虑等因素决定，简单的 Lerner 方程并不足以反映这些信息。

---

①　Katz, M. and C. Shapiro, "Critical Loss: Let's Tell the Whole Story," *Antitrust*, 2003, 17（2）, pp. 49-56.

②　Scheffman, D. T. and J. J. Simons, "The State of Critical Loss Analysis: Let's Make Sure We Understand the Whole Story," *Antitrust Source*, 2003（11）.

③　O'Brien, D. P. and A. L. Wickelgren, "A Critical Analysis of Critical Loss Analysis," *Antitrust Law Journal*, 2003（71）, pp. 161-184.

④　Katz, M. and C. Shapiro, "Critical Loss: Let's Tell the Whole Story," *Antitrust*, 2003, 17（2）, pp. 49-56.

⑤　Daljord, O., L. Sorgard and O. Thomassen, "The SSNIP Test and Market Definition with the Aggregate Diversion Ratio: A Reply to Katz and Shapiro," *Journal of Competition Law and Economics*, 2008, 4（2）, pp. 1-8.

针对 Scheffman 和 Simons[1] 的质疑，Katz 和 Shapiro[2] 反驳道：首先，尖点存在的概率较小，即使单个企业的需求曲线或成本曲线可能存在尖点，假定垄断者所面临的产业需求曲线也不存在尖点问题，所以尖点问题不会影响他们在相关市场界定方面的结论；其次，Lerner 方程成立的条件并不依赖于 Bertrand 模型，在谈判定价的产业中 Lerner 方程同样适用；最后，Lerner 方程本身已经考虑了 SS 所列出的影响定价的因素。

目前，世界各国的反垄断当局界定相关市场的主要目的是通过计算市场份额和市场集中度来间接评估涉案企业的市场支配力及其变化情况。Lerner 指数（方程）是一种常用的市场支配力测度方法。在具体案例中，如果可以估算出 Lerner 指数，界定相关市场则显得多余了。

3.3.2 转移率分析的适用范围和局限性

Daljord、Sorgard 和 Thomassen[3] 认为，O'Brien 和 Wickelgren[4]、Katz 和 Shapiro[5] 提出的转移率分析仅适用于同质产品市场，因为他们照搬的临界损失公式在差异化产品市场并不成立。在一系列的假设条件下，他们推导出，在对称的差异化产品市场上，单一价格上涨情

① Scheffman, D. T. and J. J. Simons, "The State of Critical Loss Analysis: Let's Make Sure We Understand the Whole Story," *Antitrust Source*, 2003 (11).

② Katz, M. and C. Shapiro, "Critical Loss: Let's Tell the Whole Story", *Antitrust*, 2003, 17 (2), pp. 49-56.

③ Daljord, O., L. Sorgard and O. Thomassen, "The SSNIP Test and Market Definition with the Aggregate Diversion Ratio: A Reply to Katz and Shapiro," *Journal of Competition Law and Economics*, 2008, 4 (2), pp. 1-8.

④ O'Brien, D. P. and A. L. Wickelgren, "A Critical Analysis of Critical Loss Analysis," *Antitrust Law Journal*, 2003 (71), pp. 161-184.

⑤ Katz, M. and C. Shapiro, "Critical Loss: Let's Tell the Whole Story," *Antitrust*, 2003, 17 (2), pp. 49-56.

景下备选市场构成相关市场的判断条件：$D>AL$，该条件与 O'Brien 和 Wickelgren[1]、Katz 和 Shapiro[2] 得出的条件（$D>CL$）完全不同，并且，Daljord、Sorgard 和 Thomassen 推导出的判断条件仅适用于单一价格上涨情景。

Coate 和 Simons[3] 指出，Katz 和 Shapiro[4] 将单产品价格上涨的情形推广到所有产品价格均上涨的情形时，暗含了市场保持率（retention rate）[5] 等于 1 的假设，而现实中，市场保持率可能会低于 1，导致他们界定出的相关市场较窄。Farrell 和 Shapiro[6] 承认，在需求函数的曲率充分大的情况下，Coate 和 Simons[7] 指出的市场保持率问题在逻辑上是存在的。不过，在具体的案例中该问题是否显著则是一个实证问题。另外，他们指出，在对称的线性需求系统下，市场保持率等于 1，且在离散选择框架下，市场保持率很可能接近于 1。因此，他们认为没有必要在转移率分析中引入市场保持率。

实际上，转移率分析是临界损失分析的一种变种，试图解决在差异化产品市场上临界损失分析界定的结果与经济理论不符的问题。但

---

① O'Brien, D. P. and A. L. Wickelgren, "A Critical Analysis of Critical Loss Analysis," *Antitrust Law Journal*, 2003（71），pp. 161-184.

② Katz, M. and C. Shapiro, "Critical Loss: Let's Tell the Whole Story," *Antitrust*, 2003, 17（2），pp. 49-56.

③ Coate, M. B. and J. J. Simons, "Critical Loss vs. Diversion Analysis: Clearing Up the Confusion," *The CPI Antitrust Journal*, 2009（12）.

④ Katz, M. and C. Shapiro, "Critical Loss: Let's Tell the Whole Story," *Antitrust*, 2003, 17（2），pp. 49-56.

⑤ 市场保持率是指某种产品价格上涨后其销量转移到备选市场上其他产品的部分，在备选市场上的所有产品价格均上涨后，仍停留在备选市场上的比例。

⑥ Farrell, J. and C. Shapiro, "Improving Critical Loss Analysis," *Antitrust Source*, 2008（2）.

⑦ Coate, M. B. and J. J. Simons, "Critical Loss vs. Diversion Analysis: Clearing Up the Confusion," *The CPI Antitrust Journal*, 2009（12）.

是，为了使界定结果与经济理论保持一致，他们在推导过程中施加了一些较强的假设条件，这使得其应用范围受到一定的限制。至于在某个案例中它是否适用，或者采用它界定的相关市场是否准确可靠则属于实证问题。

3.3.3 临界损失分析和转移率分析的优劣之争

3.3.3.1 二者无优劣之分

Coate 和 Williams[1] 认为，临界损失分析在毛利润率较低的产业或同质产品市场上比较适合，而基于 Bertrand 模型的转移率分析则比较适用于差异化产品市场。同时，他们强调模型假设要与现实相吻合，否则模型得出的结论是不可靠的。

3.3.3.2 临界损失分析优于转移率分析

Coate 和 Simons[2] 认为，转移率分析只能适用于静态的差异化产品市场，而临界损失分析不仅可以用于同质产品市场、静态的差异化产品市场，还可以用于动态的差异化产品市场。Coate 和Simons[3] 认为，转移率分析有严重的缺陷：第一，几乎可以确保较窄的相关市场；第二，构建的是企业模型，而《横向并购指南》中的相关市场界定和临界损失分析关注的是市场结果。为了从企业结果推导出市场结果，他们施加了很多可能缺乏实证基础的限制性假设条件。

---

[1] Coate, M. B. and M. D. Williams, "Generalized Critical Loss for Market Definition," *Research in Law and Economics*, 2007 (22), pp. 41-58.

[2] Coate, M. B. and J. J. Simons, "Critical Loss vs. Diversion Analysis: Clearing Up the Confusion," *The CPI Antitrust Journal*, 2009 (12).

[3] Coate, M. B. and J. J. Simons, "Critical Loss vs. Diversion Analysis: Clearing Up the Confusion," *The CPI Antitrust Journal*, 2009 (12).

3.3.3.3　转移率分析优于临界损失分析

针对 Coate 和 Simons[1] 的批评，Farrell 和 Shapiro[2] 反驳道：首先，转移率分析遵循清晰的经济学原理，并没有试图确保较窄的相关市场。其次，转移率分析有很好的实证基础。他们构建的模型已充分考虑了多种重要的现实因素，如协同行为、互补品的销售，以及动态和无形因素（如消费者的忠诚度、声誉、网络效应和学习曲线等）。相反，Coate 和 Simons[3] 所建议的临界损失分析并没有考虑这些因素，因此临界损失分析才真正缺乏实证基础。

实际上，这场关于临界损失分析和转移率分析孰优孰劣的争论的核心是如何估算实际损失，因为二者采用相同的临界损失公式。总的来说，这不是关于用事实或理论来估算实际损失的争论，而是如何结合事实和理论来理解市场和竞争的争论。换句话说，他们都承认估计实际损失需要用到经济理论和事实证据，但是当这两种证据存在矛盾时，临界损失分析支持者认为事实胜于理论，而转移率分析支持者则认为经济理论胜于事实证据。Coate 和 Williams[4] 认为，如果可靠的临界损失数据与经济模型的理论含义不符，科学的做法是抛弃经济模型的含义而不是真实世界的事实。而 Farrell 和 Shapiro[5] 则认为，《横向并购指南》的根基是利润最大化，如果事实证据违背了利润最大

[1] Coate, M. B. and J. J. Simons, "Critical Loss vs. Diversion Analysis: Clearing Up the Confusion," *The CPI Antitrust Journal*, 2009（12）.

[2] Farrell, J. and C. Shapiro, "Improving Critical Loss Analysis," *Antitrust Source*, 2008（2）.

[3] Coate, M. B. and J. J. Simons, "Critical Loss vs. Diversion Analysis: Clearing Up the Confusion," *The CPI Antitrust Journal*, 2009（12）.

[4] Coate, M. B. and M. D. Williams, "Generalized Critical Loss for Market Definition," *Research in Law and Economics*, 2007（22）, pp. 41–58.

[5] Farrell, J. and C. Shapiro, "Improving Critical Loss Analysis," *Antitrust Source*, 2008（12）.

化假设，那么当事实证据与经济模型的结论不符时，应该抛弃的是事实证据而不是基于利润最大化假设的经济模型。

在某个具体案例中，如果利润最大化假设条件不能满足，那么经济模型的解释力显然较弱；反过来，如果搜集到的事实证据不具有代表性，那么事实证据的解释力则相对较弱。因此，问题的关键不在于经济模型和事实证据的解释力孰优孰劣，而在于具体案例中哪种证据与现实更加吻合。

3.4 临界弹性分析和剩余需求分析

本部分主要介绍临界弹性分析和剩余需求分析，二者的共同点在于通过对比假定垄断者面临的临界弹性和实际弹性来执行假定垄断者测试；二者的主要区别在于前者基于马歇尔需求弹性概念，后者基于剩余需求弹性概念。

3.4.1 临界弹性分析

Johnson 提出了临界弹性分析，其核心思想与临界损失分析、转移率分析相同，只不过它们考察的指标不同罢了。[1] 临界损失分析和转移率分析考察的指标分别为销量或销售额和转移率，而临界弹性分析考察的指标为需求价格弹性。

Werden[2] 与 Baumann 和 Godek[3] 采用不同的方法推导出线性和不

---

[1] Johnson, F. I., "Market Definition Under the Merger Guidelines: Critical Demand Elasticities," *Research in Law and Economics*, 1989 (12), pp. 235–246.

[2] Werden, G. J., "Four Suggestions on Market Delineation," *Antitrust Bulletin*, 1992, 37 (1), pp. 107–121.

[3] Baumann, M. G. and P. E. Godek, "Could and Would Understood: Critical Elasticities and the Merger Guidelines," *Antitrust Bulletin*, 1995, 40 (4), pp. 885–899.

变弹性需求函数形式下的临界弹性公式[1]。Baumann 和 Godek 发现，在两种情景下，线性需求函数形式下的临界弹性都小于不变弹性需求函数形式下的临界弹性，这意味着在其他条件相同的情况下，线性需求函数形式下的相关市场相对较宽。[2]

Werden 注意到，当价格上涨率 t 比较小或者毛利润率 m 比较大时，四种不同情景下的临界弹性值比较接近，这意味着此时四种情景下界定出的相关市场可能是相同的。[3] 由于临界弹性融合了价格上涨和相应的数量变化信息，而临界损失只包括数量变化信息，Werden 认为，临界弹性分析要优于临界损失分析。同时，他指出，当需求曲线存在尖点时，临界弹性分析可能会产生错误的结果。

Langenfeld 和 Li 则认为临界损失分析一般优于临界弹性分析，理由是：（1）计算临界弹性和临界损失所需的信息是相同的，而估算实际弹性比估算实际损失一般需要更多的信息，估计过程一般也较为复杂；（2）在需求曲线存在尖点时，临界弹性分析可能产生错误的结果，而临界损失分析则不受影响，因为其独立于需求函数形式。[4]

Werden 指出，当发生下列任何一种情形时：（1）一种产品具有多种用途，并且多种用途之间的需求弹性差异较大；（2）边际成本随着产量变化而显著变化；（3）企业可以通过关闭部分生产能力显

---

① 线性需求函数下，利润最大化和利润不变版本的临界弹性分别为：$CE = 1/(2t+m)$ 和 $CE = 1/(t+m)$；不变弹性需求函数下，利润最大化和利润不变版本的临界弹性分别为：$CE = (1+t)/(t+m)$ 和 $CE = \ln(1+t/m)/\ln(t+1)$。

② Baumann, M. G. and P. E. Godek, "Could and Would Understood: Critical Elasticities and the Merger Guidelines," *Antitrust Bulletin*, 1995, 40 (4), pp. 885–899.

③ Werden, G. J., "Demand Elasticities in Antitrust Analysis," *Antitrust Law Journal*, 1998 (66), pp. 363–414.

④ Langenfeld, J. and W. Li, "Critical Loss Analysis in Evaluating Mergers," *Antitrust Bulletin*, 2001, 46 (2), pp. 299–337.

著降低固定成本，临界损失分析和临界弹性分析都可能得出错误的结论。① 具体来说，在第一种情形下，既可能高估也可能低估假定垄断者的市场支配力；在后两种情形下一般会低估假定垄断者限制产量的动机。

两种版本下的临界弹性公式都依赖于需求函数形式。在具体案例中，需求函数形式一般很难确定，这使得采用该方法界定相关市场面临因选错需求函数形式而导致界定出较宽或较窄的相关市场的风险。相较而言，常用的利润不变版本的临界损失公式独立于需求函数形式，则没有这种风险。在估计实际弹性和实际损失时需要的信息和估计过程基本相同。因此，临界弹性分析并没有优势，这一点也可以从文献多寡看出。目前临界损失分析的文献多如牛毛，而临界弹性分析的文献则寥若晨星。

3.4.2　剩余需求分析

Scheffman 和 Spiller 首次采用剩余需求分析来界定相关地域市场，步骤是：首先，选择若干个备选市场；其次，分别估计各个备选市场上的假定垄断者面临的剩余需求曲线；最后，根据估计出的剩余需求曲线，计算剩余需求弹性。② 如果某个备选市场的剩余需求弹性低于临界值③，那么该备选市场就构成相关市场。

---

① Werden, G. J., "Why Ever Define Markets? An Answer to Professor Kaplow," *Antitrust Law Journal*, 2012, 78 (3), pp. 729–746.

② Scheffman, D. T. and P. T. Spiller, "Geographic Market Definition Under the US Department of Justice Merger Guidelines," *Journal of Law and Economics*, 1987 (30), pp. 123–147.

③ Scheffman 和 Spiller (1987) 给出了两个临界值：价格上涨率为 5% 和 10% 的临界弹性分别为 10% 和 20%。Scheffman, D. T. and P. T. Spiller, "Geographic Market Definition Under the US Department of Justice Merger Guidelines," *Journal of Law and Economics*, 1987 (30), pp. 123–147。

剩余需求分析与临界弹性分析的根本区别在于前者通过估计剩余需求曲线获得总需求弹性，而后者则通过估计马歇尔需求曲线获得局部需求弹性，一般来说，前者小于后者。但是，由于临界弹性分析中的临界弹性公式不仅包括价格上涨率，还包括毛利润率，而剩余需求分析中的临界弹性是一个固定的数值，无法比较两种临界值的大小，也就无法判断哪种方法界定出的相关市场较宽或较窄。

Froeb 和 Werden 认为，该方法不仅存在理论缺陷，而且缺乏可操作性。他们指出，剩余需求弹性通常是变化的，且其大小依赖于模型的行为假设。[①] 同时，他们还指出，消费者行为的动态复杂性使得估计剩余需求曲线非常困难，即使可以估计出来，估计结果也可能是有误的。

从理论上看，剩余需求分析考虑了竞争者的动态反应，与现实比较吻合，所以它比临界损失分析、转移率分析和临界弹性分析都更加合理。但是，它需要的信息量较大，在具体案例中很可能无法估计出剩余需求弹性，所以在现实中很难操作。

3.5　机会成本法

Farrell 和 Shapiro 提出了一种新的执行假定垄断者测试的方法——机会成本法。[②] 与临界损失分析、临界弹性分析和转移率分析从需求的角度评估并购前的企业与假定垄断者之间的定价激励差异不同，该方法从成本的角度评估该定价激励差异。其核心思想是：如果

[①]　Froeb, L. M. and G. J. Werden, "Residual Demand Estimation for Market Delineation: Complications and Limitations," *Review of Industrial Organization*, 1991, 6 (1), pp. 33-48.

[②]　Farrell, J. and C. Shapiro, "Upward Pricing Pressure and Critical Loss Analysis: Response," *The CPI Antitrust Journal*, 2010 (2).

备选市场上假定垄断者销售某种产品的机会成本，通过成本—价格传导率使得其价格上涨的幅度大于给定的价格增长率（一般为 5% ~ 10%），那么备选市场构成相关市场。

采用机会成本法来界定相关市场，只需要以下数据：估计所关注产品的毛利润率、内部转移率（recapture rate）和成本—价格传导率（pass-through rate）。在一系列假设条件下，Farrell 和 Shapiro[①] 推导出产品 1，2，…，n 构成相关市场的条件：

在对称的情形下，充分条件：$PTR_n \times REC_n \times m > s$；必要条件：$PTR_n \times REC_n \times (m+s) < s$。

在非对称的情形下，充分条件：$PTR_1 \times [D_{12}(p_2-c_2) + \cdots + D_{1n}(p_n-c_n)] > sp_1$。

其中，PTR_n、REC_n 和 m 分别为 n 种产品总的成本—价格传导率、从产品 1 到其他 $n-1$ 种的内部转移率和毛利润率，PTR_1 为产品 1 的成本—价格传导率，D_{1n} 为从产品 1 到产品 n 的转移率，s 为给定的价格上涨率。

从上述条件可以看出，并购前的毛利润率和成本—价格传导率越大，相关市场越窄；而给定的价格上涨率越大，相关市场越宽。

机会成本法的最大优点在于，基于一般的经济学逻辑，不依赖于具体的经济理论。另外，它对数据的要求也不高，所需的毛利润率和内部转移率（加总转移率）一般也是其他方法（如临界损失分析）所需要的。但是，成本—价格传导率一般较难获得。Farrell 和 Shapiro 建议，采用情景分析方法来解决成本—价格传导率未知的问题。[②]

---

① Farrell, J. and C. Shapiro, "Upward Pricing Pressure and Critical Loss Analysis: Response," *The CPI Antitrust Journal*, 2010 (2).

② Farrell, J. and C. Shapiro, "Upward Pricing Pressure and Critical Loss Analysis: Response," *The CPI Antitrust Journal*, 2010 (2).

3.6 本章小结

本章系统梳理了假定垄断者测试及其执行方法等常用的相关市场界定方法，包括临界损失分析、临界弹性分析、转移率分析、剩余需求分析和机会成本法。综合现有文献的研究成果，得出以下结论。

第一，HMT 是一种界定相关市场的范式，不只是一种相关市场界定方法。由于直接执行所需要的信息量较大（比如需要构造利润函数），现实中很少直接采用。为了使其更具可操作性，学者们提出了临界损失分析等具体的执行方法①。

第二，目前执行 HMT 主要有两种思路：一是通过考察涉案企业和假定垄断者之间的定价激励差异来界定相关市场，主要包括临界损失分析、转移率分析、临界弹性分析和机会成本法；二是通过构建寡头竞争模型，直接评估假定垄断者控制价格的能力，主要有剩余需求分析。

第三，HMT 的执行方法的核心思想是相同的，它们之间的主要区别在于考察的指标不同。比如，临界损失分析和转移率分析考察销量或销售额指标，临界弹性分析和剩余需求分析考察需求自价格弹性指标。值得注意的是，这些方法的假设条件和适用范围不同，它们之间不具有可比性。在具体案例中，采用哪种方法界定的相关市场更准确属于实证问题。

第四，临界损失分析和转移率分析本质上是一种执行方法。关于它们的争论焦点为如何准确地估算毛利润率和实际损失。实际上，每位学者的观点在其假设的条件下都是成立的，但是都不具有普遍性。

---

① 国内大多数学者将假定垄断者测试与临界损失分析等执行方法等同起来，这是一种错误的认识。

目前，实证产业组织理论中尚没有一种大家公认的估算毛利润率的方法。至于采用事实证据直接估算的实际损失和采用经济模型间接估算的实际损失哪一个更准确，则属于实证问题。

第五，目前尚没有一种完备的、公认的相关市场界定方法。虽然假定垄断者测试及其执行方法是主流的相关市场界定方法，但是它们仍存在很多问题。比如，初始备选市场的选择、恰当的价格上涨率的确定和起点价格的选择等。

目前常见的相关市场界定方法有十余种之多，那么在同一个案例中，我们应该选择哪种方法来界定相关市场呢？采用不同的方法会界定出不同的相关市场吗？它们之间又有何联系？这些都是当前亟须解决的问题，也是未来的研究方向。

随着互联网的发展，平台型企业越来越多。它们是双多边市场上的典型企业，评估它们是否有反竞争行为需要有关各方在双多边市场的背景下界定相关市场。目前常用的相关市场界定方法基本上都是基于典型市场逻辑提出来的，它们是否适用于双多边市场、创新市场和信息产品市场等非典型市场的反垄断案件？如果不能直接照搬，在此情况下应该如何界定相关市场？Evans 等著名学者已经尝试将临界损失分析应用拓展至双多边市场，并取得了初步成果，但仍有很多问题值得研究。

另外，对于滥用市场支配地位案、垄断协议案和并购案中的相关市场界定方法是否通用的问题，学术界仍无定论。假定垄断者测试及其执行方法基本上都是针对横向并购案提出来的，它们是否适用于其他反垄断案件？如果不适用，那么在滥用市场支配地位案、垄断协议案和非横向并购案中应该如何界定相关市场？目前这些问题都没有得到有效解决，也是今后值得研究的方向。

第4章 "可以获利"与"将会获利"：基于情景分析比较相关市场界定结果

4.1 问题提出

除了适用"本身违法原则"的少数案件外，不管是滥用市场支配地位案件、垄断协议案件还是经营者集中案件，在评估案件的反竞争效果之前，执法机构一般都需要界定相关市场。在当前世界各国的反垄断体制下，相关市场界定的宽窄经常会左右反垄断审查的结果。因此，为了更准确地界定出相关市场，反垄断当局和学者们提出了许多相关市场界定方法。目前假定垄断者测试是世界各国反垄断当局界定相关市场的主流范式。由于直接进行假定垄断者测试的条件比较严格，在实践中通常采用临界损失分析来间接执行假定垄断者测试。

临界损失分析是假定垄断者测试的一种执行方法。目前假定垄断者测试有两个版本——"可以获利"版和"将会获利"版。[①] 在执

---

① 1982年美国《横向并购指南》首次提出了假定垄断者测试。1984年修订《横向并购指南》时，对假定垄断者测试的思想进行了修订，由"可以获利"版改为"将会获利"版。假定垄断者将备选市场上的一种或多种产品的价格提高到一定比例后，"可以获利"版的核心问题是假定垄断者是否可以增加利润，而"将会获利"版的核心问题是假定垄断者是否将会实现最优利润。

行假定垄断者测试的不同版本方面，临界损失分析相应地也有两个版本——"利润不变"版和"利润最大化"版。在具体案例中，这两个版本会界定出不同的相关市场吗？

自 Harris 和 Simons 首次提出临界损失分析以来，[1] 学者们对其展开了广泛、深入的研究，取得了丰硕的成果。学者们从不同的角度试图完善和拓展标准的临界损失分析，在不同的假设条件下，他们提出了许多新的临界损失分析思路。在基于正确理论的分析思路与基于可操作性的分析思路之间有多大的差异？在具体案例中，采用不同的分析思路是否会界定出不同的相关市场？

当备选市场上有多种差异化产品时，为了追求利润最大化，假定垄断者通常有两种价格上涨方式可以选择——单一价格上涨和统一价格上涨。[2] Daljord、Sorgard 和 Thomassen[3] 与 Kate 和 Niels[4] 在不同的假设条件下，分别推导出了两种价格上涨方式下的临界损失。遗憾的是，他们都没有推导出两种价格上涨方式下的实际损失。在具体案例中，通过估计需求函数、问卷调查和构建经济模型等方式获得的实际损失，应该与哪个临界损失进行比较呢？

---

① Harris, B. C. and J. J. Simons, "Focusing Market Definition: How Much Substitution is Necessary?" *Research in Law and Economics*, 1989 (12), pp. 207–226.

② 单一价格上涨方式是指假定垄断者只提高备选市场上一种产品的价格，即使备选市场上有多种产品。统一价格上涨方式是指当备选市场上有多种产品时，假定垄断者将所有产品的价格提高统一的幅度。

③ Daljord, O., L. Sorgard and O. Thomassen, "The SSNIP Test and Market Definition with the Aggregate Diversion Ratio: A Reply to Katz and Shapiro," *Journal of Competition Law and Economics*, 2008, 4 (2), pp. 1–8.

④ Kate, A., Niels, G., "The Hypothetical Monopolist in a World of Multi-Product Firms: Should Outside Companions be Included in His Basket?" *Journal of Competition Law and Economics*, 2012, 8 (4), pp. 701–715.

Meyer 和 Wang[1] 尝试考察临界损失"利润不变"版四种价格上涨方式[2]之间的关系,研究结果表明:第一,单一价格上涨方式和统一价格上涨方式下界定出的相关市场都窄于可变价格上涨方式下界定出的相关市场;第二,在价格对称的条件下,统一价格上涨方式和可变价格上涨方式下界定出相同的相关市场。遗憾的是,他们并没有考察单一价格上涨和统一价格上涨这两种常用的价格上涨方式之间的关系。另外,他们得出的结论值得商榷。一般来说,与单一价格上涨方式和统一价格上涨方式相比,可变价格上涨方式下假定垄断者相对更容易获得利润,应该界定出相对较窄的相关市场,因为它类似于价格歧视。

另外,在进行实证研究时,通常会遇到选择不同的函数形式可能会估计出不同的需求价格弹性的情形。在具体案例中,需求函数形式对相关市场界定结果会有影响吗?在可口可乐拟并购汇源案中,选择线性或不变弹性需求函数不会影响相关市场界定结果。[3] 该研究结果具有普遍性吗?

4.2 理论基础及研究思路

Harris 和 Simons[4] 首次提出了临界损失分析(Critical Loss

---

① Meyer, C., Y. Wang, "A Comprehensive Look at the Critical Loss Analysis in a Differentiated Products Market," *Journal of Competition Law and Economics*, 2012, 8 (4), pp. 863–879.

② 单一价格上涨、统一价格上涨、平均价格上涨和可变价格上涨。平均价格上涨方式是指以销量为权重的备选市场上所有产品价格的加权平均值,总销量为每个产品销量的简单加总。可变价格上涨方式是指假定垄断者对备选市场上的每一种产品采取不同幅度的价格上涨方式,以实现利润最大化。

③ 黄坤、张昕竹:《可口可乐拟并购汇源案的竞争损害分析》,《中国工业经济》2010 年第 12 期。

④ Harris, B. C. and J. J. Simons, "Focusing Market Definition: How Much Substitution is Necessary?" *Research in Law and Economics*, 1989 (12), pp. 207–226.

Analysis，CLA），其核心思想是考察备选市场上价格上涨后，假定垄断者维持利润不变所能承受的最大理论损失（临界损失）是否会大于预计的实际损失，其关键是如何正确地估算临界损失和实际损失。在一系列假设条件下[①]，Harris 和 Simons[②] 推导出的标准的临界损失分析的计算公式如下：

$$临界损失: CL = \frac{\Delta q}{q} = \frac{X}{X+m}$$

$$实际损失: AL = X\eta$$

其中，q 为当前销量，$X = \Delta p/p$ 为价格上涨幅度，$m = (p-c)/p$ 为毛利润率，p 为当前价格，c 为边际成本，η 为自价格弹性。在价格上涨区间内，假设 c 和 η 保持不变。

价格上涨幅度 X 一般指持续 1 年的 5%～10% 的价格上涨。至于该价格上涨幅度是市场支配力的容忍度还是价格上涨的显著程度，学者们对此观点不一。Pitofsky 认为，5% 是容忍度，也就是说，即使产品价格已经从当前价格上涨到垄断价格，如果上涨幅度小于 5%，那么也不认为该产品的假定垄断者具有市场支配力。[③] Werden 则认为，5% 是显著程度，也就是说，在达到最优价格之前，只有产品价格的上涨幅度

---

① （1）假定垄断者是备选区域内备选产品的唯一提供者，也是利润最大化的追求者；（2）备选市场上不存在价格管制；（3）备选市场外其他产品的销售条件保持不变；（4）当前（分析起点）的市场结构是竞争性的；（5）价格上涨区间内边际成本不变；（6）价格上涨前后假定垄断者的利润保持不变；（7）备选市场上的产品是同质的。

② Harris, B. C. and J. J. Simons, "Focusing Market Definition: How Much Substitution is Necessary?" *Research in Law and Economics*, 1989 (12), pp. 207-226.

③ Pitofsky, R., "New Definitions of Relevant Market and the Assault on Antitrust," *Columbia Law Review*, 1990, 90 (7), pp. 1805-1864.

超过 5%,才能认为该产品的假定垄断者拥有市场支配力。[1] 言外之意是当价格上涨幅度小于 5% 时,如果假定垄断者已经实现利润最大化,那么毫无疑问此时假定垄断者已经拥有市场支配力。我们认为,问题的关键在于现实中如何判断价格上涨 5% 时假定垄断者是否已经实现利润最大化。在具体案例中,可以采用情景分析法,考察不同的价格上涨幅度是否会影响相关市场界定的结果。如果答案是否定的,那么说明价格上涨幅度的选择并不重要;如果答案是肯定的,那么就要结合其他信息来判断哪个价格上涨幅度相对比较准确。

在实际操作中,一般很难直接获得毛利润率数据,因为边际成本是一个经济学概念,企业一般不会统计该数据。对于如何准确估算毛利润率,学者们持有不同的意见。Harris 和 Simons 建议采用平均可变成本替代边际成本来估算毛利润率。[2] Danger 和 Frech[3] 认为,如果基准价格是 Harris 和 Simons[4] 所假设的竞争性价格,或者某种程度的垄断价格,只要该点位于平均可变成本曲线最低点的右边,那么用平均可变成本近似边际成本将会高估毛利润率、低估临界损失,从而界定出过宽的、主观性较强的相关市场。O'Brien 和 Wickelgren 认为,估算毛利润率的理想方式是根据产出和要素价格估计成本函数。[5] 如果

[1] Werden, G. J., "Four Suggestions on Market Delineation," *Antitrust Bulletin*, 1992, 37 (1), pp. 107-121.

[2] Harris, B. C. and J. J. Simons, "Focusing Market Definition: How Much Substitution is Necessary?" *Research in Law and Economics*, 1989 (12), pp. 207-226.

[3] Danger, K. L. and H. E. Frech Ⅲ, "Critical Thinking about Critical Loss in Antitrust," *Antitrust Bulletin*, 2001, 46 (2), pp. 339-355.

[4] Harris, B. C. and J. J. Simons, "Focusing Market Definition: How Much Substitution is Necessary?" *Research in Law and Economics*, 1989 (12), pp. 207-226.

[5] O'Brien, D. P. and A. L. Wickelgren, "A Critical Analysis of Critical Loss Analysis," *Antitrust Law Journal*, 2003 (71), pp. 161-184.

由于数据限制，成本函数无法被估计出来，可以用会计数据来估算毛利润率，但是要用最优价格决策等其他信息来矫正估算结果。Coate和Williams指出，如果临界损失分析的起点是竞争性均衡，并假设平均可变成本等于边际成本，那么标准的临界损失分析要么失效，要么仅适用于假定垄断者拥有L型成本结构的情形。[1] 为了拓展临界损失分析的适用范围，他们建议用平均边际成本来估算毛利润率。我们认为，在具体案例中，可以以涉案企业的税前会计毛利润率为基准，进行情景分析，考察毛利润率的变动是否会影响相关市场界定的结果。如果答案是否定的，那么说明毛利润率没有必要那么准确；如果答案是肯定的，那么就要结合其他信息来判断哪个毛利润率相对比较可靠。

在实际操作中，通常由于数据限制无法估计出需求系统，此时可以通过问卷调查或查阅相关企业文档等方法直接估算实际损失，或者利用Lerner方程来反推出自价格弹性。

如果 $CL>AL$，那么备选市场即相关市场；否则，需要将其紧密替代品[2]纳入备选市场，直至满足备选市场的临界损失大于实际损失的条件。

目前临界损失分析有两个版本——"利润不变"版（Break Even Version of Critical Loss Analysis，BE-CLA）和"利润最大化"版（Profit-Maximization Version of Critical Loss Analysis，PM-CLA）。它们之间的区别与联系主要体现在以下几个方面：（1）PM-CLA依赖于需

---

[1] Coate, M. B. and M. D. Williams, "Generalized Critical Loss for Market Definition," *Research in Law and Economics*, 2007（22），pp. 41–58.

[2] 当备选市场上有产品1和产品2两种产品时，如果它们不能构成相关市场，那么在增加第3种产品时，是选择产品1的紧密替代品还是产品2的紧密替代品呢？在实际操作中，不同的选择可能会产生宽窄不同的相关市场。现有文献基本上都回避了该问题。我们认为，如果分析起点是产品1市场，那么就应该选择产品1的紧密替代品。

求函数形式，而 BE-CLA 则独立于需求函数形式，[1] 这可能是目前实践中后者更受欢迎的原因；（2）在多个价格上涨幅度都是有利可图的情形下，PM-CLA 需要找到实现利润最大化的价格增长幅度，而 BE-CLA 则不需要；[2]（3）在线性需求函数情景下，利润最大化的价格增长率是利润不变情况下价格增长率的一半，此时 BE-CLA 得出的结论只需要简单地变换就可以推广到 PM-CLA。[3] PM-CLA 基于利润极大化行为假设，拥有相对可靠的经济学基础，而 BE-CLA 则主要基于可操作性考虑，实际应用简单。

标准的临界损失分析假设备选市场的产品都是同质的，实质上它仅仅执行假定垄断者测试的第一步，即备选市场上只有一种产品的情形。当备选市场上有多种差异化产品时，临界损失分析将变得相当复杂，主要体现在以下几个方面。

第一，选择损失的统计口径，目前有三种：一是总损失，即备选市场上某种或某些产品价格上涨某一幅度后，某种产品转移到备选市场内外的销量；二是净损失，即备选市场上某种或某些产品价格上涨某一幅度后，转移到备选市场外的销量；三是损失额，即备选市场上某种或某些产品价格上涨某一幅度后，备选市场上假定垄断者销售额

---

① Baumann, M. G. and P. E. Godek, "Could and Would Understood: Critical Elasticities and the Merger Guidelines," *Antitrust Bulletin*, 1995, 40 (4), pp. 885-899; Werden, G. J., "Demand Elasticities in Antitrust Analysis," *Antitrust Law Journal*, 1998 (66), pp. 363-414; Huschelrath, K., "Critical Loss Analysis in Market Definition and Merger Control," *European Competition Journal*, 2009, 5 (3), pp. 757-794.

② Langenfeld, J., W. Li, "Critical Loss Analysis in Evaluating Mergers," *Antitrust Bulletin*, 2001, 46 (2), pp. 299-337.

③ Farrell, J. and C. Shapiro, "Improving Critical Loss Analysis," *Antitrust Source*, 2008 (2).

的净损失。①

第二，选择考察指标。假定垄断者只关注某种产品（比如第 i 种产品）的利润，还是关注备选市场的总利润？目前的主流做法是假定垄断者关注总利润。在关注总利润的前提下，假定垄断者是关注某种产品的销量和销售额变化还是备选市场上所有产品的总销量和总销售额变化？学者们对此意见不一。

第三，选择价格上涨方式。为了追求利润最大化，假定垄断者通常有单一价格上涨、统一价格上涨、平均价格上涨和可变价格上涨等方式可以选择。

当备选市场上有多种差异化产品时，在不同的假设条件下，学者们提出了多种估算临界损失和实际损失的思路，得出了相同或相异的结论。② 由于它们的假设条件不同，一般难以比较这些结论的对与错，就像盲人摸象一样。

为了看到一个完整的"大象"，本章首先通过一个假定的并购案

---

① 黄坤：《企业并购中的相关市场界定：理论与实证》，中国社会科学院研究生院博士学位论文，2011。

② 相关文献主要有 Katz, M. and C. Shapiro, "Critical Loss: Let's Tell the Whole Story," *Antitrust*, 2003, 17 (2), pp.49–56; Katz, M. and C. Shapiro, "Further Thoughts on Critical Loss," *Antitrust Source*, 2004 (3); O'Brien, D. P. and A. L. Wickelgren, "A Critical Analysis of Critical Loss Analysis," *Antitrust Law Journal*, 2003 (71), pp.161–184; Scheffman, D. T. and J. J. Simons, "The State of Critical Loss Analysis: Let's Make Sure We Understand the Whole Story," *Antitrust Source*, 2003 (11); Coate, M. B. and M. D. Williams, "Generalized Critical Loss for Market Definition," *Research in Law and Economics*, 2007 (22), pp.41–58; Daljord, O., L. Sorgard and O. Thomassen, "The SSNIP Test and Market Definition with the Aggregate Diversion Ratio: A Reply to Katz and Shapiro," *Journal of Competition Law and Economics*, 2008, 4 (2), pp.1–8; Kate, A., Niels, G., "The Hypothetical Monopolist in a World of Multi-Product Firms: Should Outside Companions be Included in His Basket?" *Journal of Competition Law and Economics*, 2012, 8 (4), pp.701–715。

件，在相同的假设条件下，从需求函数形式、临界损失的版本和价格上涨方式三个维度，考察临界损失分析各种情景下界定出的相关市场之间的联系。具体来说，分析线性需求函数情景下，临界损失分析同一版本不同价格上涨方式下界定出的相关市场之间的关系，不同版本同一价格上涨方式下界定出的相关市场之间的关系；考察不变弹性需求函数情景下，临界损失分析两种版本下界定出的相关市场之间的关系；比较两种需求函数形式在相同情形下界定出的相关市场的宽窄。然后，采用数值模拟方法直观地展现临界损失分析的版本和需求函数形式对相关市场界定结果的影响。最后，通过可口可乐拟并购汇源案，验证根据数值模拟结果得出的结论的可靠性。

当备选市场上有多种差异化产品时，为了简化分析，本章采用现有文献的主流做法，假设假定垄断者追求总利润最大化，但是只关注价格上涨前后某一种产品的销量总损失。在此假设条件下，实际损失独立于临界损失分析的版本。当备选市场上有多种差异化产品时，PM-CLA 的临界损失独立于价格上涨方式。

4.3 情景1：需求函数为线性

假设某地区企业 A 和企业 B 打算合并，企业 A 和企业 B 分别生产产品 1 和产品 2。该地区除了这两种产品之外，还有许多对产品 1 和产品 2 具有一定替代性的其他产品。为了简化分析，将这些替代产品统称为产品 O。假设产品 1 和产品 2 的需求函数和成本函数如下：

$$\begin{cases} q_1 = \alpha_0 - \alpha_1 p_1 + \alpha_2 p_2 + \theta p_o \\ q_2 = \beta_0 + \beta_1 p_1 - \beta_2 p_2 + \lambda p_o \end{cases} \qquad \begin{cases} C_1 = F_1 + c_1 q_1 \\ C_2 = F_2 + c_2 q_2 \end{cases}$$

其中，p_i、q_i、C_i、F_i 和 c_i 分别为产品 i（$i=1$，2）的当前价格、当前销量、总成本、固定成本和边际成本，p_o 为产品 O 的当前价格。

假设某种产品的价格变动对自身需求量的影响要大于对其替代品需求量的影响，即 $\alpha_1 > \beta_1$，$\beta_2 > \alpha_2$。假设某种产品的需求量受其自身价格变动的影响要大于受其替代品价格变动的影响，即 $\alpha_1 > \alpha_2$，$\beta_2 > \beta_1$。另外，假设 m_i 和 η_{ii} 分别为产品 i（$i = 1$，2）的毛利润率（markup）和自价格弹性。

不失一般性，假设假定垄断者测试以产品 1 为起点[①]，产品 2 是产品 1 的紧密替代品。

4.3.1 备选市场上只有一种产品

4.3.1.1 "利润不变"版（BE-CLA）

当产品 1 的价格上涨 $t\%$ 时，假定垄断者要维持利润不变，其利润函数必须满足：

$$q_1(p_1 - c_1) = (q_1 - \Delta q_1^{BE})[(1 + t)p_1 - c_1]$$

将上式化简，得到 BE-CLA 的临界损失：

$$CL_{linear}^{BE} = \frac{\Delta q_1^{BE}}{q_1} = \frac{t}{t + m_1} \tag{1}$$

当产品 1 的价格上涨 $t\%$ 时，根据需求系统，求得实际损失：

$$AL_{linear} = \alpha_1 t (p_1/q_1) \tag{2}$$

根据临界损失分析的思想，得到产品 1 构成相关市场的条件：

$$\eta_{11} < \frac{1}{t + m_1} \tag{3}$$

4.3.1.2 "利润最大化"版（PM-CLA）

根据基本设定，得到假定垄断者的利润函数如下：

---

① 起点不同可能导致相关市场界定结果不同。

$$\pi = (\alpha_0 - \alpha_1 p_1 + \alpha_2 p_2 + \theta p_o)(p_1 - c_1) - F_1$$

求解假定垄断者获得利润最大化的一阶条件,得到最优价格和最优销量:

$$p_1^* = \frac{\alpha_0 + \theta p_0 + \alpha_1 c_1 + \alpha_2 p_2}{2\alpha_1}$$

$$q_1^* = \frac{\alpha_0 + \alpha_2 p_2 + \theta p_o - \alpha_1 c_1}{2}$$

根据临界损失分析的思想,得到 PM-CLA 的临界损失:

$$CL_{linear}^{PM} = \frac{|q_1^* - q_1|}{q_1} = \frac{1}{2} - \frac{\alpha_1 m_1}{2 q_1 / p_1}$$

结合(2)式中求得的实际损失,得到产品 1 构成相关市场的条件:

$$\eta_{11} < \frac{1}{2t + m_1} \qquad (4)$$

对比(3)式和(4)式,我们发现两种版本界定出的相关市场存在如下联系:(a)当 $\eta_{11} \geqslant 1/(m_1 + t)$ 时,两种版本都可以判定产品 1 不能构成相关市场。至于它们是否会界定出相同的相关市场,还要看临界损失分析后续步骤的判断条件。(b)当 $1/(m_1 + 2t) \leqslant \eta_{11} < 1/(m_1 + t)$ 时,在其他条件相同的情况下,PM-CLA 将界定出较宽的相关市场。具体来说,BE-CLA 将产品 1 市场界定为相关市场,而 PM-CLA 则认为,相关市场至少比产品 1 市场要宽。(c)当 $\eta_{11} < 1/(m_1 + 2t)$ 时,两种版本将界定出相同的相关市场,即产品 1 市场。

4.3.2 备选市场上有两种产品

如果产品 1 不能单独构成相关市场,那么根据临界损失分析的基本思想,需要将产品 1 的紧密替代品(产品 2)纳入备选市场。由于目前备选市场上有产品 1 和产品 2 两种产品，假定垄断者在追求利润最大化时通常有两种价格上涨方式（单一价格上涨和统一价格上涨）可以选择。下文将考察同一版本不同价格上涨方式下界定出的相关市场之间的联系，以及不同版本同一价格上涨方式下界定出的相关市场之间的联系。

4.3.2.1　BE-CLA 单一价格上涨情形

假设假定垄断者将产品 1 的价格提高 $t\%$，如果要维持价格上涨前后的利润不变，那么其利润函数必须满足：

$$q_1(p_1 - c_1) + q_2(p_2 - c_2) = (q_1 - \Delta q_1^s)[(1 + t)p_1 - c_1] \\ + (q_2 + \Delta q_2^s)(p_2 - c_2)$$

求解上式，得到单一价格上涨方式下的临界损失[①]：

$$CL_s^{BE} = \frac{\Delta q_1^s}{q_1} = \frac{t}{t + m_1 - d_{21}m_2(p_2/p_1)}$$

其中，$d_{21} = \Delta q_2 / \Delta q_1$ 为产品 1 价格上涨后从产品 1 到产品 2 的转移率。

根据临界损失分析的思想，并结合（2）式，得到产品 1 和产品 2 构成相关市场的条件：

$$\alpha_1(t + m_1) - \beta_1 m_2(p_2/p_1) < q_1/p_1 \leqslant \alpha_1(t + m_1) \tag{5}$$

---

① 根据现有文献的通常做法，假设维持利润不变的转移率等于实际转移率。如果没有该假设，当备选市场上有多种产品时，临界损失分析"利润不变"版将会失效。黄坤和张昕竹提出了一种新的临界损失分析思路，有效解决了备选市场上有多种差异化产品时临界损失分析"利润不变"版失效的问题。黄坤、张昕竹：《可口可乐拟并购汇源案的竞争损害分析》，《中国工业经济》2010 年第12 期。

如果产品 1 和产品 2 是对称①的，那么（5）式变为：

$$\alpha_1(t + m) - \alpha_2 m < q_1/p_1 \leq \alpha_1(t + m) \quad (6)$$

4.3.2.2　BE-CLA 统一价格上涨情形

假设假定垄断者将产品 1 和产品 2 的价格同时提高 $t\%$，如果要维持价格上涨前后的利润不变，那么其利润函数必须满足：

$$q_1(p_1 - c_1) + q_2(p_2 - c_2) = (q_1 - \Delta q_1^u)[(1 + t)p_1 - c_1] \\ + (q_2 + \Delta q_2^u)[(1 + t)p_2 - c_2]$$

求解上式，得到统一价格上涨方式下的临界损失②：

$$CL_u^{BE} = \frac{\Delta q_1^u}{q_1} = \frac{t}{s[(t + m_1) - d_{21}(m_2 + t)(p_2/p_1)]}$$

其中，s 为产品 1 的当前收入份额。

根据需求系统，求得统一价格上涨方式下的实际损失：

$$AL_u = |\alpha_1 p_1 - \alpha_2 p_2|t/q_1 \quad (7)$$

根据临界损失分析的思想，得到产品 1 和产品 2 构成相关市场的条件：

$$s(m_1 + t)|\alpha_1 - (p_2/p_1)\alpha_2| - s(m_2 + t)(p_2/p_1)|\beta_1 - (p_2/p_1)\beta_2| \\ < q_1/p_1 \leq \alpha_1(t + m_1) \quad (8)$$

如果产品 1 和产品 2 是对称的，那么（8）式变为：

---

① "对称"是指两种产品具有对称的需求曲线，即相同的初始价格、初始销量和初始毛利润率。

② 同样，假设维持利润不变的转移率与实际转移率相等。另外，由于产品 1 和产品 2 同时上涨相同幅度，此时可能会发生双向转移，这里的转移率为净转移率概念，即从产品 1 到产品 2 的净转移率。注意，由于是净转移率，它可能为负值。

$$0 < q_1/p_1 \leqslant \alpha_1(t + m) \qquad (9)$$

一般来说，产品 1 的当前价格和销量都大于零，这意味着 BE-CLA 统一价格上涨方式下，如果产品 1 和产品 2 是对称的，那么产品 1 市场不构成相关市场，产品 1 市场和产品 2 市场一定构成相关市场。

4.3.2.3 BE-CLA 两种价格上涨方式之间的联系

在非对称的条件下，两种价格上涨方式下的相关市场条件都比较复杂，通过对比（5）式和（8）式，我们很难明确两种价格上涨方式下界定出的相关市场之间的联系。因此，它们之间的具体联系只能放到具体案例中去考察。

因为假设 $\alpha_1 > \alpha_2$，所以 $\alpha_1(m+t) - \alpha_2 m > 0$。在对称的条件下，通过对比（6）式和（9）式，我们发现：（a）当 $0 < q_1/p_1 \leqslant \alpha_1(m+t) - \alpha_2 m$ 时，在其他条件相同的条件下，单一价格上涨方式下界定出的相关市场要宽于统一价格上涨方式下界定出的相关市场；（b）当 $\alpha_1(m+t) - \alpha_2 m < q_1/p_1 \leqslant \alpha_1(m+t)$ 时，两种价格上涨方式下将界定出相同的相关市场，即产品 1 和产品 2 市场。

4.3.2.4 PM-CLA 单一价格上涨情形

根据基本设定，当备选市场上有两种产品时，假定垄断者的利润函数为：

$$\pi = (\alpha_0 - \alpha_1 p_1 + \alpha_2 p_2 + \theta p_0)(p_1 - c_1) - F_1$$
$$+ (\beta_0 + \beta_1 p_1 - \beta_2 p_2 + \lambda p_0)(p_2 - c_2) - F_2$$

求解利润最大化的一阶条件，解得最优价格和最优销量如下：

$$\begin{cases} p_1^* = \dfrac{(\beta_1 + \alpha_2)v + 2\beta_2 u}{(\beta_1 + \alpha_2)^2 - 4\beta_2 \alpha_1} \\ p_2^* = \dfrac{(\beta_1 + \alpha_2)u + 2\alpha_1 v}{(\beta_1 + \alpha_2)^2 - 4\beta_2 \alpha_1} \end{cases}$$

$$
\begin{cases}
q_1^* = \mu_0 + \dfrac{(\alpha_2^2 + \alpha_2\beta_1 - 2\alpha_1\beta_2)u + (\alpha_2 - \beta_1)\alpha_1 v}{(\beta_1 + \alpha_2)^2 - 4\alpha_1\beta_2} \\[4mm]
q_2^* = \tau_0 + \dfrac{(\beta_1^2 + \alpha_2\beta_1 - 2\alpha_1\beta_2)v + (\beta_1 - \alpha_2)\beta_2 u}{(\beta_1 + \alpha_2)^2 - 4\alpha_1\beta_2}
\end{cases}
$$

其中，$\mu = c_2\beta_1 - c_1\alpha_1 - \mu_0$，$v = c_1\alpha_2 - c_2\beta_2 - \tau_0$，$\tau_0 = \beta_0 + \lambda p_0$。

依据临界损失分析的思想，得到单一价格上涨方式下的临界损失：

$$
CL_s^{PM} = \frac{-(q_1^* - q_1)}{q_1} = -\frac{ku + (\alpha_2 - \beta_1)\alpha_1 v + (\alpha_1 p_1 - \alpha_2 p_2)l}{q_1 l} \tag{10}
$$

其中，$k = \alpha_2^2 + \alpha_2\beta_1 - 2\alpha_1\beta_2$，$h = \beta_1^2 + \alpha_2\beta_1 - 2\alpha_1\beta_2$，$l = (\beta_1 + \alpha_2)^2 - 4\alpha_1\beta_2$。

根据 PM-CLA 的思想，并结合（2）式，得到产品 1 和产品 2 构成相关市场的条件①：

$$
\frac{p_1^* - p_1}{p_1} - t > \frac{p_2^* - p_2}{p_2}\frac{\alpha_2 p_2}{\alpha_1 p_1} \tag{11}
$$

如果产品 1 的价格上涨 $t\%$ 后，其价格恰好达到最优价格水平，那么（11）式变为：

$$
p_2^* < p_2 \tag{12}
$$

这里得到一个非常有意思的结论：如果给定的价格增长率恰好等于最优价格增长率，那么只有产品 2 的最优价格水平低于当前价格水平，也就是说，在产品 1 价格上涨到最优价格的同时，产品 2 的价格要降低，产品 1 和产品 2 才能构成相关市场。

如果产品 1 和产品 2 是对称的，那么（11）式将变为：

$$
\frac{p_1^* - p_1}{p_1} > \frac{\alpha_1}{\alpha_1 - \alpha_2}t \tag{13}
$$

---

① 为了表述方便，这里省略了产品 1 不构成相关市场应满足的条件。

由于假设 $\alpha_1 > \alpha_2$，（3）式中的最优价格增长率一定大于给定的价格增长率。

4.3.2.5　PM-CLA 统一价格上涨情形

根据 PM-CLA 的基本思想，以及前文的假设条件，统一价格上涨方式下的临界损失和实际损失分别为（10）式和（7）式。由此，得到产品 1 和产品 2 构成相关市场的条件：

$$p_1/p_2 < p_1^*/p_2^* \tag{14}$$

如果产品 1 和产品 2 是对称的，那么（14）式变为：

$$p_1/p_2 = p_1^*/p_2^* \tag{15}$$

（5）式表明，当产品 1 和产品 2 的当前价格之比恰好为最优价格之比时，产品 1 和产品 2 将构成相关市场。

4.3.2.6　PM-CLA 两种价格上涨方式之间的联系

对比（11）~（15）式，我们发现，两种价格上涨方式存在如下区别与联系：（a）单一价格上涨方式下的相关市场条件依赖于给定的价格增长率，而统一价格上涨方式下的相关市场条件则独立于给定的价格增长率；（b）当产品 1 的价格上涨 $t\%$ 后，其价格恰好达到最优价格水平时，如果产品 1 当前的价格水平低于最优价格水平，那么单一价格上涨方式下的相关市场条件是统一价格上涨方式下的相关市场条件的充分非必要条件。如果产品 1 当前的价格水平不低于最优价格水平，那么两种价格上涨方式下的相关市场条件没有必然的联系。

4.3.2.7　BE-CLA 和 PM-CLA 之间的联系

在单一价格上涨方式下，对比（5）式和（11）式、（6）式和（13）式，可以看出：仅从抽象的相关市场判断条件，无法判断两种版本界定出的相关市场之间的联系。在统一价格上涨方式下，对比

(8) 式和（14）式、（9）式和（15）式，可以看出：(a) 在非对称的条件下，只有在具体案例中，才可以比较两种版本界定出的相关市场的宽窄；(b) 在对称的条件下，BE-CLA 将界定出相对较窄的相关市场，因为 PM-CLA 的相关市场判断条件相对较为严格。

4.4　情景2：需求函数为不变弹性

本部分主要考察当备选市场上只有一种产品时，不变弹性需求函数情景下临界损失分析两种版本界定出的相关市场之间的联系，以及它们与线性需求函数情景下相应情形界定出的相关市场之间的联系，理由如下。

第一，在 BE-CLA 下，临界损失分析的临界值是从价格上涨前后假定垄断者利润保持不变这个约束条件推导出来的，独立于需求函数形式的设定。前文已经证明，当备选市场上有多种差异化产品时，一般无法从一个约束条件推导出含有多个未知数的临界值，除非附加较强的假设条件，比如维持利润不变的转移率等于实际转移率。

第二，在 PM-CLA 下，当备选市场上有多种差异化产品时，求解多元非线性优化问题非常困难。即使可以求解出复杂的相关市场判断条件，仅从这些抽象的条件也很难比较临界损失分析不同情形下界定出的相关市场的宽窄。这一点在线性需求函数情景下已经得到证实。当然，有兴趣的读者可以尝试一下。[①]

假设某地区企业 A 和企业 B 打算合并，企业 A 和企业 B 的主要产品分别为产品 1 和产品 2。该地区除了这两种产品之外，还有许多对产品 1 和产品 2 具有一定替代性的其他产品。为了简化分析，将这

---

① 我们的确做了尝试，但没有得到很有意思的结论。为了节省篇幅，故略之。

些产品统称为产品 O。假设产品 1 和产品 2 的需求函数和成本函数如下①：

$$\begin{cases} q_1 = \alpha p_1^{-\eta_{11}} p_2^{\eta_{21}} \\ q_2 = \beta p_1^{\eta_{12}} p_2^{-\eta_{22}} \end{cases} \begin{cases} C_1 = F_1 + c_1 q_1 \\ C_2 = F_2 + c_2 q_2 \end{cases}$$

一般来说，产品的自价格弹性大于交叉价格弹性，即 $\eta_{11} > \eta_{12}$，$\eta_{11} > \eta_{21}$，$\eta_{22} > \eta_{21}$，$\eta_{22} > \eta_{12}$。同样，假设假定垄断者测试以产品 1 为起点，产品 2 是产品 1 的紧密替代品。

4.4.1 "利润不变"版（BE-CLA）

在 BE-CLA 下，临界损失分析的临界值独立于需求系统，所以不变弹性需求函数情景下的临界损失仍为（1）式。根据设定的需求系统，得到实际损失：

$$AL_{const} = 1 - (1 + t)^{-\eta_{11}} \tag{16}$$

根据临界损失分析的思想，得到产品 1 构成相关市场的条件：

$$\eta_{11} < \frac{\ln(t + m_1) - \ln m_1}{\ln(1 + t)} \tag{17}$$

对比（17）式和（3）式，我们发现：（a）当 $\eta_{11} < 1/(m_1+t)$ 时，两种需求函数情景都将产品 1 界定为相关市场；（b）当 $1/(m_1+t) \leq \eta_{11} < [\ln(m_1+t) - \ln m_1]/\ln(1+t)$ 时，线性需求函数情景下界定出的相关市场可能要宽于不变弹性需求函数情景下界定出的相关市场；（c）当 $\eta_{11} > [\ln(m_1+t) - \ln m_1]/\ln(1+t)$ 时，两种需求函数情景

---

① 在整个分析过程中均假设其他产品的价格保持不变，且为常数，这一点在考察线性需求系统下的方法体系时得到了验证。因此，为了简化分析，我们将其他产品的价格项并入常数项。

都判断产品 1 不构成相关市场,但是它们是否会界定出相同的相关市场,还要看临界损失分析的后续判断条件。

4.4.2 "利润最大化"版(PM-CLA)

当备选市场上只有产品 1 时,假定垄断者的利润函数如下:

$$\pi = \alpha p_1^{-\eta_{11}} p_2^{\eta_{21}} (p_1 - c_1) - F_1$$

求解利润最大化的一阶条件,得到最优价格和最优销量:

$$p_1^* = \frac{\eta_{11} c_1}{\eta_{11} - 1}$$

$$q_1^* = \alpha \left(\frac{\eta_{11} c_1}{\eta_{11} - 1} \right)^{-\eta_{11}} p_2^{\eta_{21}}$$

从上述最优价格的表达式可以看出,如果产品 1 的自价格弹性绝对值小于 1,那么最优价格小于 0,这显然与经济理论不符合,因为产品的自价格弹性越小,产品所有者的涨价动力越大,利润最大化价格越接近完全垄断价格。下面将讨论产品 1 富有弹性的情形。根据设定的需求系统,得到临界损失:

$$CL_{const}^{PM} = \frac{q_1 - q_1^*}{q_1} = 1 - \left(\frac{p_1^*}{p_1} \right)^{-\eta_{11}}$$

根据临界损失分析的思想,并结合(16)式,得到产品 1 构成相关市场的条件:

$$1 < \eta_{11} < \frac{1 + t}{m_1 + t} \tag{18}$$

对比(18)式和(4)式,我们发现:(a)当 $\eta_{11} < 1/(m_1 + 2t)$ 时,两种需求函数情景都将产品 1 界定为相关市场;(b)当 $1/(m_1 + 2t) \leqslant \eta_{11} < (1+t)/(m_1+t)$ 时,线性需求函数情景下界定出的相关市场可能要宽于不变弹性需求函数情景下界定出的相关市场;

（c）当 $\eta_{11} > (1+t) / (m_1+t)$ 时，两种需求函数情景都判定产品 1 不构成相关市场，但是它们是否会界定出相同的相关市场，还要看临界损失分析的后续判断条件。

4.4.3 两种版本之间的联系

对比（17）式和（18）式，我们发现临界损失两种版本相关市场条件之间的关系取决于 $[\ln(m_1+t) - \ln m_1] / \ln(1+t)$ 与 $(1+t) / (m_1+t)$ 的大小关系。令前者大于后者，根据该假设推导出下式：

$$(1 + t)^{1+t} < \left(1 + \frac{t}{m_1}\right)^{m_1+t} \tag{19}$$

一般来说，产品 1 的毛利润率小于 1，给定的价格增长率在 5%～10%，此时（19）式中 $\left(1+\dfrac{t}{m_1}\right)^{m_1+t}$ 是产品 1 的毛利润率的减函数，而当产品 1 的毛利润率等于 1 时，（19）式由不等式变为等式，也就是说，上述假设是正确的，从而得到（18）式是（17）式的充分非必要条件的结论。这意味着 BE-CLA 界定出的相关市场可能窄于 PM-CLA 界定出的相关市场。具体来说，如果产品 1 的自价格弹性绝对值满足（20）式，那么 BE-CLA 将产品 1 界定为相关市场，而 PM-CLA 则认为相关市场至少比产品 1 市场宽。

$$\frac{1 + t}{m_1 + t} \leqslant \eta_{11} \leqslant \frac{\ln(t + m_1) - \ln m_1}{\ln(1 + t)} \tag{20}$$

值得注意的是，在需求函数为不变弹性的情景下，当备选市场上产品缺乏弹性时，PM-CLA 将失效，而 BE-CLA 仍然有效，因为它对价格弹性没有要求。在需求函数为线性情景下，PM-CLA 和 BE-CLA 都对价格弹性没有要求。

4.5 数值模拟结果

4.3节和4.4节从理论上推导出，在满足一定条件的情形下，临界损失分析的版本、需求函数形式和价格上涨方式的选择将会对相关市场界定的结果产生重要影响。如果这些条件在现实中难以得到满足，那么各相关方就没有必要挖空心思去选择恰当的临界损失分析版本、需求函数形式和价格上涨方式；否则，各相关方就会通过"恰当的"选择来得到其想要的相关市场。下面采用数值模拟方法，考察这些条件在现实中得到满足的难易程度。鉴于当备选市场上有多种差异化产品时，相关市场的判断条件包含的参数较多，无法通过简单的图形直观地展现出来，这里只模拟备选市场上只有一种产品时的情形。

在反垄断执法实践中，价格增长率通常取5%或10%。以0.001为步长，在0~1取1000个数。利用R软件模拟出假设假定垄断者的毛利润率分别取这1000个数值，价格增长率为5%或10%时，各种情景下临界损失分析的相关市场判断条件如图4-1至图4-4所示。横轴表示产品1的毛利润率，纵轴表示产品1构成相关市场的判断条件的边界值。举个例子，图1中最上方的曲线表示当价格增长率为5%时，如果采用BE-CLA界定相关市场，那么当产品1的自价格弹性落入该曲线左下方时，产品1市场将构成相关产品市场。

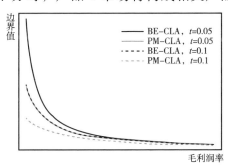

图4-1 线性情景下两个版本之间的联系

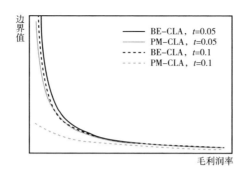

图 4-2 不变弹性情景下两个版本之间的联系

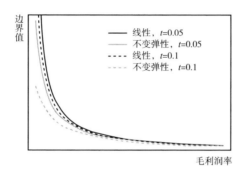

图 4-3 BE-CLA 两种情景之间的联系

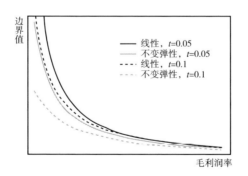

图 4-4 PM-CLA 两种情景之间的联系

仔细研究图 4-1 至图 4-4，我们得到以下重要结论。

第一，当假定垄断者的毛利润率大于 60%时，每张图中的四条曲线基本都重合了,这意味着临界损失分析的版本和需求函数形式基本上都不影响相关市场界定的结果。

第二,当假定垄断者的毛利润率小于20%时,每张图中的四条曲线相距较远,这意味着临界损失分析的版本和需求函数形式将会对相关市场界定的结果产生重要影响。

第三,在其他条件相同的情况下,价格增长率越大,临界损失分析的版本和需求函数形式对相关市场界定结果的影响越大,因为每张图中两条粗线之间的距离都大于两条细线之间的距离。

第四,当产品1的自价格弹性大于5且毛利润率大于20%时,产品1市场基本上不可能构成相关市场;当产品1的自价格弹性小于0.5时,产品1市场基本上可以构成相关市场。

第五,当价格增长率为5%时,相对于不变弹性需求函数情景,线性需求函数情景下临界损失分析版本对相关市场界定结果的影响更大;当价格增长率为10%时,情况则相反(见图4-1和图4-2)。

第六,相对于BE-CLA,PM-CLA对需求函数形式比较敏感(见图4-3和图4-4)。

4.6 案例研究

自2008年8月1日《反垄断法》实施以来至2012年9月30日,商务部共审结经营者集中案件474件,其中无条件批准458件,附加限制性条件批准15件,禁止经营者集中1件,即可口可乐拟并购汇源案。虽然商务部按照《反垄断法》规定,以公告形式公布了其禁止经营者集中的决定和附加限制性条件批准经营者集中的决定,但是,对审查过程中的经济分析披露较少,特别是关于相关市场界定的细节。本部分选取可口可乐拟并购汇源案这个备受争议的典型案例,考察临界损失分析的版本和需求函数形式对本案相关市场界定结果的影响。

4.6.1 案件简介

2008 年 9 月 2 日可口可乐以每股 12.2 港元的价格拟收购汇源 100% 的股权，该项交易约 179.2 亿港元。由于可口可乐和汇源 2007 年在中国境内的营业额分别为 12 亿美元（约合 91.2 亿元人民币）和 3.4 亿美元（约合 25.9 亿元人民币），均超过 4 亿元人民币，超过了《国务院关于经营者集中申报标准的规定》的申报标准，因此此项并购必须接受反垄断审查。

2008 年 9 月 18 日，可口可乐向商务部递交了申报材料。2008 年 11 月 20 日，商务部对此项申报开始立案审查。在审查过程中，商务部评估了该项并购的竞争效应，认为它可能产生排除、限制果汁市场竞争，抑制果汁市场创新，挤压中小果汁生产企业生存空间的反竞争效果。在与可口可乐就救济措施谈判未果后，商务部于 2009 年 3 月 18 日禁止了此项经营者集中申请。

4.6.2 相关市场界定

黄坤和张昕竹采用 2003～2007 年软饮料行业的季度数据估计了碳酸饮料和果汁的线性和不变弹性需求函数，并利用 2007 年中国工业企业数据库的企业级财务数据，估算了碳酸饮料和果汁的毛利润率，[①] 主要数据如表 4-1 所示。

---

① 黄坤、张昕竹：《可口可乐拟并购汇源案的竞争损害分析》，《中国工业经济》2010 年第 12 期。

表 4-1 临界损失分析需要的主要数据

项目	毛利润率	自价格弹性	
		线性需求函数	不变弹性需求函数
碳酸饮料	0.3	0.3306	0.4699
果汁	0.2	0.0149	0.5283

资料来源：黄坤、张昕竹：《可口可乐拟并购汇源案的竞争损害分析》，《中国工业经济》2010 年第 12 期。

从表 4-1 可以看出：（1）两种需求函数情景下碳酸饮料和果汁的自价格弹性相差较大。在线性需求函数情景下，碳酸饮料的弹性是果汁的 22.19 倍，而在不变弹性需求函数情景下，果汁的弹性是碳酸饮料的 1.12 倍。这说明具体案例中需求函数形式对自价格弹性可能具有较大的影响。（2）不论在哪种情形下，碳酸饮料和果汁的自价格弹性均小于 1。这说明它们具有生活必需品的特性。

由于碳酸饮料和果汁的毛利润率和自价格弹性都比较小，根据数值模拟结果的结论，我们初步可以断定，临界损失分析的版本和需求函数形式的选择不会改变相关市场界定的结果。为了验证我们结论的正确性，下面将采用传统的程序考察临界损失分析的版本和需求函数形式对本案相关市场的影响。

为了提高结果的稳健性，下面进行情景分析：毛利润率在基准情景的基础上分别上、下浮动 25% 和 50%，价格增长率取 5% 和 10% 两种常用情形。依据（3）、（4）、（17）和（18）式，以碳酸饮料为分析起点，计算出各种情景下的相关市场判断条件，结果如表 4-2 所示。

可以看出，在两种需求函数情景下，临界损失分析的两种版本都将碳酸饮料界定为相关市场，也就是说，碳酸饮料和果汁分处两个相关市场。这证明了我们的初步结论是非常可靠的。

表 4-2　临界损失分析结果

毛利润率(m)	线性需求函数				不变弹性需求函数			
	X = 5%		X = 10%		X = 5%		X = 10%	
	BE-CLA	PM-CLA	BE-CLA	PM-CLA	BE-CLA	PM-CLA	BE-CLA	PM-CLA
下浮 50%	满足	满足	满足	满足	满足	失效	满足	失效
下浮 25%	满足	满足	满足	满足	满足	失效	满足	失效
m = 0.3	满足	满足	满足	满足	满足	失效	满足	失效
上浮 25%	满足	满足	满足	满足	满足	失效	满足	失效
上浮 50%	满足	满足	满足	满足	满足	失效	满足	失效

资料来源：笔者计算所得。

4.7　本章小结

假定垄断者测试是目前世界各国反垄断当局界定相关市场的主流范式。由于直接进行假定垄断者测试的条件比较严格，在实践中通常采用临界损失分析等方法间接执行假定垄断者测试。Harris 和 Simons 首次提出临界损失分析。[1] 学者们一直就如何正确应用争论激烈，也提出了许多完善的意见。现有文献比较庞杂，缺乏一个完整的分析框架，难以比较各种情形下界定出的相关市场的宽窄。本章通过一个假定的并购案例，在一个统一的分析框架下，发现在满足一定条件的情形下，临界损失分析的版本、价格上涨方式和需求函数形式对相关市场界定的结果可能会产生重要影响。为此，在反垄断实践中，我们提出如下几点建议。

---

[1]　Harris, B. C. and J. J. Simons, "Focusing Market Definition: How Much Substitution is Necessary?" *Research in Law and Economics*, 1989 (12), pp. 207-226.

4.7.1 根据假定垄断者的毛利润率和自价格弹性，粗略估计相关市场的边界

根据数值模拟结果，如果根据常识或者专业知识可以断定备选产品的自价格弹性和毛利润率都比较小，那么基本可以确定备选市场就是相关市场。比如，在可口可乐拟并购汇源案这个真实案例中，我们就可以根据碳酸饮料市场的假定垄断者的毛利润率和自价格弹性得出碳酸饮料和果汁分处于两个相关市场的结论。在具体案例中，采用这种简便的方法粗略地描绘相关市场的边界，可以节省宝贵的执法资源和不必要的开支。

4.7.2 提防经营者集中申报方或相关第三方，或者反垄断司法案件中的原被告双方，通过挑选相关市场界定方法和需求函数形式来获得他们想要的相关市场

根据数值模拟结果，当假定垄断者的毛利润率小于 20% 时，临界损失分析的版本和需求函数形式可能会对相关市场界定的结果产生重要影响。在现实中，大多数企业的毛利润率都在这个区间内。因此，有关当局要提防有关各方"挑选"相关市场。

当备选市场上只有一种产品时，若满足一定条件，PM-CLA 界定出的相关市场比 BE-CLA 相应情形界定出的相关市场要宽。注意，在不同的需求函数情景下，它们需要满足的条件不同。当备选市场上有多种差异化产品时，在线性需求函数情景的统一价格上涨方式情形下，如果产品是对称的，那么 PM-CLA 一般也会界定较宽的相关市场。在具体案例中，第三方或原告一般会选择 BE-CLA 方法，申报方或被告通常会选择 PM-CLA 方法。

当备选市场上只有一种产品时，若满足一定条件，线性需求函数情景下界定出的相关市场比不变弹性需求函数情景下相应情形界定出

的相关市场要宽。当备选市场上有多种差异化产品时，估计也有类似的结果。在具体案例中，第三方或原告主张较窄的相关市场，通常会选择不变弹性需求函数形式，而申报方或被告一般会选择线性需求函数形式，以获得较宽的相关市场。

从美国的《横向并购指南》、欧盟的《关于相关市场界定的公告》和我国的《关于相关市场界定的指南》来看，美国倾向于"利润最大化"版，而欧盟和中国钟情于"利润不变"版。但是，在具体操作中美国执法当局也经常采用"利润不变"版来界定相关市场。总的来说，"利润最大化"版拥有良好的经济学基础，而"利润不变"版比较容易操作。在具体案例中，我们建议在条件允许的情况下，首选"利润最大化"版，"利润不变"版作为备用。因此，我们建议尽快修订《关于相关市场界定的指南》中的相关内容。

如果原被告双方由于选择不同的需求函数形式而得到不同的相关市场，那么执法当局应该结合相关产品的技术经济特征和需求特点等信息来判断哪种需求函数形式更加科学、合理。

4.7.3　选择恰当的分析起点，尽量避免多次执行假定垄断者测试

当备选市场上有多种产品时，临界损失分析面临较大的局限性。如果不附加较强的假设条件，BE-CLA 将会失效，因为仅从价格上涨前后假定垄断者利润不变这一个约束条件，无法求解出含有众多未知数的临界损失值。

当备选市场上有多种差异化产品时，在线性需求函数情景下，如果产品是对称的，那么单一价格上涨方式通常会界定出相对较宽的相关市场，因为统一价格上涨方式下的转移率和实际损失相对较小。因此，在具体案例中，原被告双方一定会在价格上涨方式的选择上展开争论。

理论上，在执行假定垄断者测试时，需要以涉案企业的每一种产品为起点来界定相关市场。但是，在实际操作中，由于数据限制，一般不可能从每一种产品做起，也没有必要这样做。我们建议，有关各方可以将大家公认的产品市场作为分析起点。比如，在可口可乐拟并购汇源案中，大家一般都会认同碳酸饮料是一个市场，所以我们没有必要以罐装可口可乐品牌为分析起点，直接以碳酸饮料为分析起点即可。恰当起点的标准是，执行 1~2 次假定垄断者测试就可以界定出相关市场。这样，既可以节省宝贵的时间，也无须纠结于选择哪种价格上涨方式更合理的问题。

为了表述简洁，本章没有考察备选市场上有 3 种以上产品的情形。实际上，这样做的损失也不大，因为在具体案例中只要选择恰当的分析起点，通常只需要执行 1~2 次假定垄断者测试就可以界定出相关市场。另外，本章只考虑了线性和不变弹性这两种常用的需求函数形式。在具体案例中，各相关方当然也可能选择对其更为有利的其他函数形式。

本章的数值模拟结果仅限于当备选市场上只有一种产品的情形。今后我们将尝试模拟备选市场上有多种差异化产品时，临界损失分析的版本、需求函数形式和价格上涨方式对相关市场界定结果的影响。

除了临界损失分析，临界弹性分析和转移率分析也是执行假定垄断者测试的常用方法。在具体案例中，这些不同的执行方法界定出的相关市场之间又存在怎样的联系呢？搞清楚它们之间的联系，对各相关方更好地理解和运用假定垄断者测试具有重要的现实意义。

随着互联网的发展，平台类企业越来越多。它们是双边市场上的典型企业，评估它们是否有反竞争行为需要有关各方在双边市场的背景下界定相关市场。比如，在唐山人人／百度案中评估百度是否具有市场支配地位时，需要在双边市场背景下界定该案的相关市场，因为百度的搜索引擎服务具有典型的双边市场特征。Evans 等国际知名学者已经开始研究双边市场的相关市场界定问题，并取得了初步成果，但目前该主题仍有很大的研究空间。

第5章 临界损失分析：框架、拓展和新思路

5.1 基本框架

自 Harris 和 Simons 首次提出标准的临界损失分析以来，[1] 学者们对其展开了广泛、深入的研究，取得了丰硕的研究成果。学者们从不同的角度试图完善和拓展标准的临界损失分析，在不同的假设条件下，他们提出了许多新的临界损失分析思路。为了搭建一个统一的分析框架，本研究选取现有文献中假设条件（包括隐含假设[2]）的并集，主要包括：（1）市场上存在 n 种同质产品，或者两种（或 n 种）对称的差异化产品;[3]（2）每种产品仅有一家企业或者 n 家对称的企业生产;[4]

---

[1] Harris, B. C. and J. J. Simons, "Focusing Market Definition: How Much Substitution is Necessary?" *Research in Law and Economics*, 1989 (12), pp. 207–226.

[2] 隐含假设是从现有文献的上下文内容反推出来的。

[3] 对称的含义是指两种产品具有对称的需求曲线，即相同的初始价格、初始销量和初始毛利润率。

[4] 每种产品由 1 家企业提供的假设，与每种产品由 n 家对称企业提供的假设是等同的，只不过后者中每家企业的供应量是前者的 $1/n$。

（3）每家企业只生产一种产品；[1]（4）产品之间互为替代品；（5）市场上不存在共谋和价格歧视行为；（6）企业是最大化利润的追求者，企业的生产规模报酬不变，没有生产能力约束；（7）需求曲线是平滑的，即不存在尖点（kinks）；（8）在价格上涨区间内边际成本不变；（9）市场上产品之间的替代顺序是已知的；（10）备选市场外的产品信息是已知的；（11）备选市场是单边市场。

临界损失分析是假定垄断者测试的一种执行方法。目前假定垄断者测试有两个版本——"可以获利"版和"将会获利"版。[2] 在执行假定垄断者测试的不同版本方面，临界损失分析相应地也有两个版本——"利润不变"版和"利润最大化"版。[3]

---

[1] 目前仅有 Moresi 等（2008）研究了多产品企业并购中的相关市场界定问题，他们将 Katz 和 Shapiro（2003）提出的临界转移率方法推广至多产品企业并购的情形。Katz, M. and C. Shapiro, "Critical Loss: Let's Tell the Whole Story," *Antitrust*, 2003, 17（2）, pp. 49-56。

[2] 1982 年美国《横向并购指南》首次提出了假定垄断者测试。1984 年修订《横向并购指南》时，对假定垄断者测试的思想进行了修订，由"可以获利"版改为"将会获利"版。假定垄断者将备选市场上的一种或多种产品的价格提高到一定比例后，"可以获利"版的核心问题是假定垄断者是否可以增加利润，而"将会获利"版的核心问题是假定垄断者是否将会实现最优利润。

[3] "利润不变"版和"利润最大化"版之间的区别与联系：（1）前者独立于需求函数形式，而后者依赖于需求函数形式；（2）在多个价格上涨幅度都是有利可图的情形下，后者需要找到实现利润最大化的价格增长幅度，而前者则不需要；（3）在线性需求函数情景下，利润最大化的价格增长率是利润不变情况下价格增长率的一半，此时前者得出的结论只需要简单地变换就可以推广至后者。总的来说，"利润最大化"版基于利润极大化行为假设，拥有相对可靠的经济学基础，而"利润不变"版则主要基于可操作性考虑，实际应用简单。参见 Huschelrath, K., "Critical Loss Analysis in Market Definition and Merger Control," *European Competition Journal*, 2009, 5（3）, pp. 757-794; Langenfeld, J., W. Li, "Critical Loss Analysis in Evaluating Mergers," *Antitrust Bulletin*, 2001, 46（2）, pp. 299-337; Farrell, J. and C. Shapiro, "Improving Critical Loss Analysis," *Antitrust Source*, 2008（2）。

在上述假设条件下，假设备选市场上有 h 种产品，各种临界损失分析的基本框架如下。

5.1.1　"利润不变"版

根据假定垄断者测试"可以获利"版的思想，假定垄断者将其中一种或多种产品的价格提高 $t\%$ 后，其利润保持不变。根据临界损失分析的思路，推导出"利润不变"版下这 h 种产品构成相关市场的条件：

$$\begin{cases} CL^{BE} > AL^{BE} \\ \text{s. t. } \pi(P, q_i) = \pi(P^t, q_i, \Delta q_i^c) \quad i = 1, 2, \cdots, n \end{cases} \tag{1}$$

当备选市场有多种产品时，即 $h>1$，根据不同的损失统计口径和价格上涨方式，目前临界损失分析主要有以下几种分析思路。

5.1.1.1　临界总损失分析

此时（1）式中的各种参数取值如下：

$$CL^{BE} = \frac{\Delta q_i^c}{q_i} \qquad AL^{BE} = \frac{|q_i^t - q_i|}{q_i}$$

其中，q_i 和 q_i^t 分别为价格上涨前后产品 i 的销量，Δq_i^c 为假定垄断者维持利润不变所需的销量变化量，P 和 P^t 分别为价格上涨前后的价格向量。$P = (p_1, p_2, \cdots, p_n)$，在单一价格上涨方式下，$P^t = \{p_1, p_2, \cdots, (1+t) p_i, p_{i+1}, \cdots, p_n\}$；在统一价格上涨方式下，$P^t = \{(1+t) p_1, (1+t) p_2, \cdots, (1+t) p_h, p_{h+1}, \cdots, p_n\}$。

5.1.1.2　临界净损失分析

此时（1）式中的各种参数取值如下：

$$CL^{BE} = \frac{\left| \Delta q_i^c - \sum_{j=1, j \neq i}^{k} \Delta q_j^c \right|}{q_i} \qquad AL^{BE} = \frac{\left| \Delta q_i - \sum_{j=1, j \neq i}^{k} \Delta q_j \right|}{q_i}$$

其中，Δq_i 为价格上涨前后产品 i 的实际销量变化量；$i=1,2,\cdots,n$。

5.1.1.3　临界损失额分析

此时（1）式中的各种参数取值如下：

$$CL^{BE} = \frac{\left| p_i \Delta q_i^c + \sum\limits_{j=1,j\neq i}^{k} p_j \Delta q_j^c \right|}{\sum\limits_{i=1}^{k} p_i q_i} \qquad AL^{BE} = \frac{\left| p_i \Delta q_i + \sum\limits_{j=1,j\neq i}^{k} p_j \Delta q_j \right|}{\sum\limits_{i=1}^{k} p_i q_i}$$

5.1.2　"利润最大化"版

根据假定垄断者测试的"将会获利"情形，假定垄断者获得最大利润时，与当前价格相比，备选市场上某种或所有产品的价格至少上涨 $t\%$。根据临界损失分析的思路，推导出"利润最大化"版下这 h 种产品构成相关市场的条件：

$$\begin{cases} CL^w = \dfrac{\left| q_i^* - q_i \right|}{q_i} > AL^w = \dfrac{\left| q_i^t - q_i \right|}{q_i} \\ \text{s.t. } \left(p_i^*, q_i^* \right) = \mathrm{argmax}\,\pi\left(P, Q \right) \end{cases}$$

其中，q_i 和 q_i^t 分别为价格上涨前后备选市场上产品 i 的销量，p_i^* 和 q_i^* 分别为假定垄断者取得最优利润时产品 i 的价格和销量。

仔细观察上述临界损失分析各种思路的相关市场条件，发现如下。

第一，两种版本构建的指标和约束条件均不同。

第二，在"利润不变"版下，临界总损失、临界净损失和临界损失额的损失口径不同，但是它们具有相同的约束条件，并且它们的临界值都是在价格上涨前后假定垄断者的利润不变这个约束条件下推导出来的。

第三，临界损失和实际损失的主要区别在于前者是根据约束条件求出的销量变化量，后者是实际发生的销量变化量。

第四，当备选市场上有多种产品时，仅从价格上涨前后假定垄断者的利润不变这一个假设条件，一般不可能求出 Δq_i^c 的显性表达式。这意味着如果不附加其他假设条件，此时"利润不变"版将会失效。

第五，当备选市场上有多种产品时，"利润最大化"版仍然有效，但是求解过程可能比较困难，求出的相关市场条件可能非常复杂。

5.2 临界损失分析：一个新拓展

现有文献一般都假设在价格上涨区间内需求曲线是平滑的，边际成本不变。在具体案例中，如果这些假设条件得不到满足，那么采用当前的临界损失分析来界定相关市场会产生什么问题，又该如何来解决呢？本部分将着力回答这些问题。

5.2.1 需求曲线存在尖点

现实中，需求曲线存在尖点的情形很多。如果某产品存在大量的边际消费者和少量忠实的消费者，那么，当价格上涨时，该产品将失去大量的边际消费者，自价格弹性将很大；当价格进一步上涨，由于忠实的消费者对价格的敏感度较低，产品的自价格弹性将变小。当然，也可能存在相反的情形，即某种产品存在大量忠实的消费者以及少量的边际消费者。当该产品的价格上涨时，其需求价格弹性将从某一点起由小陡然变大。在这两种情形下，需求曲线会在某处发生转折，出现"尖点"。另外，如果竞争者存在产量约束，当价格上涨到某一水平后，竞争者将不再能通过扩大产量来有效抑制某企业的涨价行为，该企业面临的需求曲线在此点也可能发生转折。

5.2.1.1　需求曲线存在尖点对相关市场界定结果的影响

为了简化分析，假设备选市场上只有一种产品 A，其需求函数为线性，且已知在 O 点发生转折，如图 5-1 和图 5-2 所示。下文我们将分别考察在这两种情形下需求曲线存在尖点的问题会给相关市场界定带来什么影响。

5.2.1.1.1　折向原点的需求曲线

假设假定垄断者的产品需求处在 E 点，如图 5-1 所示，当产品 A 的价格上涨 $t\%$ 后，假定垄断者面临的实际损失为：

$$AL^k = (q_2^0 - q_1^t)/q_2^0$$

如果误以为需求曲线不存在尖点，那么得到的实际损失将变为：

$$AL = (q_2^0 - q_2^t)/q_2^0$$

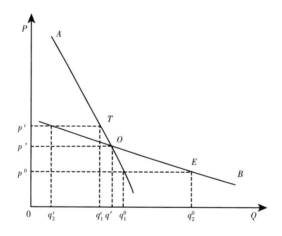

图 5-1　折向原点的需求曲线

显然，$AL^k < AL$。如果将折向原点的需求曲线误以为直线需求曲线，那么我们将高估实际损失。由于临界损失独立于需求曲线，在这种情形下我们可能会界定出过宽的相关市场。确切地说，当 $AL^k < CL < AL$ 时，

产品 A 实际上已经构成相关产品市场。但是，如果误以为需求曲线不存在尖点，那么我们将得出相关产品市场应该宽于产品 A 市场的错误结论。

5.2.1.1.2　折离原点的需求曲线

假设假定垄断者的产品需求处在 E 点，如图 5−2 所示，当产品 A 的价格上涨 $t\%$ 后，假定垄断者面临的实际损失为：

$$AL^k = (q_2^0 - q_1^t)/q_2^0$$

如果误以为需求曲线不存在尖点，那么得到的实际损失将变为：

$$AL = (q_2^0 - q_2^t)/q_2^0$$

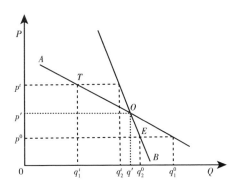

图 5−2　折离原点的需求曲线

如图 5−2 所示，此时 $AL^k > AL$。如果将折离原点的需求曲线误以为直线需求曲线，那么将低估实际损失。由于临界损失独立于需求曲线，在这种情形下可能会界定出过窄的相关市场。具体来说，当 $AL^k > CL > AL$ 时，产品 A 实际上并不能构成相关产品市场。但是，如果误以为需求曲线不存在尖点，那么将得出产品 A 构成相关产品市场的错误结论。

5.2.1.2　需求曲线存在尖点的解决办法

为了解决需求曲线存在尖点的问题，本研究提出了基于推测变分技术的临界损失分析思路。首先，将价格上涨区间内转折点接近分析起点的程度看作一个参数，并设法得到它。其次，分段计算假定垄断者的实际损失并加总。最后，通过比较临界损失和实际损失的大小来界定相关市场。

假设需求曲线在 O 点发生转折（如图 5-1 和图 5-2 所示），需求曲线 TO 段的平均弹性为 η_2，OE 段的平均弹性为 η_1。我们知道，当备选市场上只有一种产品时，临界损失公式独立于需求函数形式，所以需求曲线的尖点问题只影响实际损失。当需求曲线存在尖点时，假定垄断者面临的实际损失变为：

$$AL = t\eta = \frac{p' - p}{p}\eta_1 + \frac{p + \Delta p - p'}{p'}\eta_2$$

将上式化简，得到：

$$AL = (\theta\eta_1 + \frac{1 - \theta}{1 + \theta t}\eta_2)t$$

其中，$\theta = \dfrac{p' - p}{\Delta p}$，为尖点接近起始点的程度。

可以看出，当 θ 接近于 1，即尖点远离分析起点时，实际损失主要取决于 η_1；当 θ 接近于 0，即尖点接近分析起点时，实际损失主要取决于 η_2。

临界损失独立于需求函数的形式，所以它仍为：

$$CL = \frac{t}{m + t}$$

其中，m 为产品 A 的毛利润率，t 为价格上涨幅度。

根据临界损失分析的思想，当需求曲线存在尖点时，产品 A 构成相关市场的条件如下：

$$\left(\theta\eta_1 + \frac{1 - \theta}{1 + \theta t}\eta_2\right) < \frac{1}{m + t}$$

在实际操作中，如果无法获得或不能准确获得 θ 值，那么我们可以通过情景分析，考察不同的 θ 值是否会导致相同的相关市场。如果答案为"是"，那么这说明我们界定出的相关市场具有稳健性；如果答案为"否"，那么我们需要借助专业经验等额外信息来判断哪种取值下的相关市场更为合理。

5.2.2　边际成本可变

如果某企业存在生产能力约束，那么当产量超过其最大生产能力后，一般企业在短时间内很难扩大生产能力，或者扩大生产能力的成本较高，这使得其边际成本突然上升。当然，也会存在相反的情形，即随着生产规模的扩大，企业从某一时间点开始采用新技术，那么该技术的采用可能快速降低其边际成本。

5.2.2.1　边际成本可变对相关市场界定结果的影响

为了简化分析，假设备选市场上只有一种产品 A，其边际成本在 O 点发生跳跃，如图 5-3 和图 5-4 所示。[①] 下面我们将考察这两种情形下边际成本可变问题会给相关市场界定带来怎样的影响。

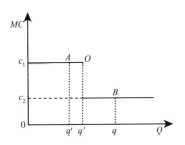

图 5-3　递减的边际成本曲线

---

① 在现实操作中，边际成本曲线大多数情形下是逐渐变大或逐渐变小的。为了简化分析，这里只考察这两种极端情形。

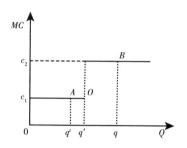

图 5-4　递增的边际成本曲线

与需求曲线存在尖点的情形不同，边际成本可变影响临界损失，因为临界损失公式中的毛利润率是价格和边际成本的函数。

如图 5-3 所示，当边际成本由大变小时，如果误以为假定垄断者的边际成本保持不变，那么将高估边际成本、低估毛利润率，进而高估临界损失。由于实际损失独立于边际成本曲线，在这种情形下可能会界定出过窄的相关市场。

如图 5-4 所示，当边际成本由小变大时，如果误以为假定垄断者的边际成本保持不变，那么将低估边际成本、高估毛利润率，从而低估临界损失。在这种情形下可能会界定出过宽的相关市场。

5.2.2.2　边际成本可变的解决办法

目前学术界基本上没有人关注在价格上涨区间内边际成本可变的问题，当然也没有提出相应的解决办法。本研究借鉴需求曲线存在尖点情形的解决方法，尝试用推测变分技术来解决边际成本可变影响相关市场界定结果的问题。

假设边际成本曲线在 O 点发生折断，当前价格为 p，销量为 q，折断前的边际成本为 c_1，折断后的边际成本为 c_2。我们知道，实际损失公式独立于边际成本，所以边际成本可变的问题只影响临界损失。当价格上涨区间内边际成本可变时，根据价格上涨前后假定垄断者的利润保持不变的假设，得到：

$$pq - [q'c_1 + (q - q')c_2] = [(1 + t)p - c_1](q - \Delta q)$$

两边同除 pq，并化简得到：

$$CL = \frac{t}{t + (1 - \lambda)m_1 + \lambda m_2}$$

其中，$\lambda = (q - q') / \Delta q$，表示转折点靠近起始点的程度；$m_1 = (p - c_1) / p$、$m_2 = (p - c_2) / p$，分别表示转折点前后的毛利润率。

从上式可以看出，当 λ 接近于 1，即转折点远离分析起点时，临界损失主要取决于 c_2；当 λ 接近于 0，即转折点接近分析起点时，临界损失主要取决于 c_1。

由于实际损失独立于边际成本，所以它仍为：

$$AL = \eta t$$

根据临界损失分析的思想，当价格上涨区间内边际成本发生变化时，产品 A 构成相关市场的条件如下：

$$[t + (1 - \lambda)m_1 + \lambda m_2]\eta < 1$$

在实际操作中，如果无法获得或不能准确获得 λ 值，那么我们也可以通过情景分析，考察不同的 λ 值是否会导致相同的相关市场。如果答案为"是"，那么这说明我们界定出的相关市场具有稳健性；如果答案为"否"，那么我们需要借助专业经验等额外信息来判断哪种取值下的相关市场更为合理。

5.3　临界损失分析：一种新思路

当备选市场上有多种差异化产品时，如果不附加额外的假设条件，"利润不变"版将会失效，[①] 虽然"利润最大化"版仍然有效，但是，在实际操作中将面临很多困难，比如无法获得估计利润函数所需要的数据。另外，在反垄断实践中，目前世界各国主要采用"利润不变"版来界定相关市场。为了解决上述备选市场上有多种差异化产品时"利润不变"版失效的问题，本研究提出了一种新的临界分析思路。

假设某地区企业 A 和企业 B 打算合并，企业 A 和企业 B 分别生产产品 1 和产品 2。该地区除了这两种产品之外，还有许多对产品 1 和产品 2 具有一定替代性的其他产品。为了简化分析，将这些替代产品统称为产品 O。假设产品 1 和产品 2 的需求函数和成本函数如下：

$$\begin{cases} q_1 = \alpha_0 - \alpha_1 p_1 + \alpha_2 p_2 + \theta p_o \\ q_2 = \beta_0 + \beta_1 p_1 - \beta_2 p_2 + \lambda p_o \end{cases} \qquad \begin{cases} C_1 = F_1 + c_1 q_1 \\ C_2 = F_2 + c_2 q_2 \end{cases}$$

假设某种产品的价格变动对自身需求量的影响要大于对其替代品需求量的影响，即 $\alpha_1 > \beta_1$，$\beta_2 > \alpha_2$。假设某种产品的需求量受其自身价格变动的影响要大于受其替代品价格变动的影响，即 $\alpha_1 > \alpha_2$，$\beta_2 > \beta_1$。

不失一般性，假设假定垄断者测试以产品 1 为起点，产品 2 是产品 1 的紧密替代品。备选市场上有产品 1 和产品 2 两种产品。

5.3.1 单一价格上涨方式

假设假定垄断者将产品 1 的价格提高 $t\%$，如果它要维持价格上涨前后的利润不变，那么利润函数必须满足：

[①] 目前绝大多数学者都没有或没有很好地意识到这一点。他们在研究差异化产品市场的相关市场界定时，在推导临界损失公式的过程中自觉或不自觉地添加了额外的、不现实的假设条件，如假设维持利润不变的转移率等于实际转移率。

$$q_1(p_1 - c_1) + q_2(p_2 - c_2) = (q_1 -, \Delta q_1^c)[(1 + t)p_1 - c_1] + (q_2 + \Delta q_2^c)(p_2 - c_2)$$

将上式变形，得到如下方程：

$$[(t + m_1) - d_{21}m_2(p_2/p_1)](\Delta q_1^c/q_1) - t = 0$$

令 $T = [(t+m_1) - d_{21}m_2(p_2/p_1)](\Delta q_1^c/q_1)$。从 T 的表达式可以看出，它是假定垄断者维持利润不变的转移率 d_{21}（以下简称"临界转移率"）的减函数，是临界损失的增函数。当临界转移率增大或临界损失减少，或者临界转移率增大且临界损失减少时，T 减小；反之，T 增大。由于 $T = t$ 时，假定垄断者的利润不变，当 $T > t$ 时，假定垄断者的涨价行为是无利可图的，这意味着此时的备选市场不构成相关市场；当 $T < t$ 时，假定垄断者的涨价行为是有利可图的，这意味着此时的备选市场为相关市场。因此，价格上涨后，如果假定垄断者的实际转移率和实际损失能够满足下式，那么产品 1 和产品 2 将构成相关市场：

$$[(t + m_1) - d_{21}m_2(p_2/p_1)]\frac{\Delta q_1^s}{q_1} < t \tag{2}$$

其中，Δq_1^s 为产品 1 的实际损失。

如果产品 1 和产品 2 是对称的，那么（2）式变为：

$$[t + (1 - d_{21})m]\frac{\Delta q_1^s}{q_1} < t \tag{3}$$

5.3.2　统一价格上涨方式

假设假定垄断者将产品 1 和产品 2 的价格同时提高 $t\%$，如果它要维持价格上涨前后的利润不变，那么利润函数必须满足：

$$q_1(p_1 - c_1) + q_2(p_2 - c_2) = (q_1 - \Delta q_1^c)[(1 + t)p_1 - c_1]$$
$$+ (q_2 + \Delta q_2^c)[(1 + t)p_2 - c_2]$$

将上式变形，得到如下方程：

$$[(t + m_1) - d_{21}^c(t + m_2)(p_2/p_1)](\Delta q_1^c/q_1) - t/s = 0$$

其中，s 为产品 1 当前的以销售额统计的市场份额。

令 $T^u = [(t+m_1) - d_{21}(t+m_2)(p_2/p_1)](\Delta q_1^c/q_1)$。从 T^u 的表达式可以看出，它与 T 具有相同的单调性。基于与单一价格上涨方式相同的理论，得到统一价格上涨方式下产品 1 和产品 2 构成相关市场的条件：

$$s[(m_1 + t) - d_{21}(m_2 + t)(p_2/p_1)]\frac{\Delta q_1^u}{q_1} < t \qquad (4)$$

其中，Δq_1^u 为产品 1 的实际损失。

如果产品 1 和产品 2 是对称的，那么（3）式变为：

$$s[(1 - d_{21})(m + t)]\frac{\Delta q_1^u}{q_1} < t \qquad (5)$$

注意，在推导（2）式和（4）式的过程中，我们并没有对临界损失和临界转移率作出任何假设，（2）式和（4）式也不含有未知参数。因此，当备选市场有多种差异化产品时，我们提出的临界损失分析新思路是有效的，并且具有较强的可操作性。

5.3.3 两种价格上涨方式之间的联系

在对称的条件下，由于从产品 1 到产品 2 的转移率 d_{21} 大于 0，产品 1 的当前市场份额要小于或等于 1，且统一价格上涨方式下的实际损失一般小于单一价格上涨方式下的实际损失，（5）式是（3）式的充分非必要条件，这意味着单一价格上涨方式下界定出的相关市场可能要宽于统一价格上涨方式下界定出的相关市场。具体来说，当给定的价格增长率 t 满足下式时：

$$s\left[(1-d_{21})(m+t)\right]\frac{\Delta q_1^u}{q_1} < t \leqslant \left[t+(1-d_{21})m\right]\frac{\Delta q_1^s}{q_1}$$

在单一价格上涨方式下，产品 1 和产品 2 不构成相关市场，而在统一价格上涨方式下，它们却构成相关市场。

在非对称的条件下，通过比较（2）式和（4）式，我们仍然可以得出相同的结论。具体来说，当给定的价格增长率 t 满足下式时：

$$s\left[(m_1+t)-d_{21}(m_2+t)\frac{p_2}{p_1}\right]\frac{\Delta q_1}{q_1} < t \leqslant \left[(t+m_1)-d_{21}m_2\frac{p_2}{p_1}\right]\frac{\Delta q_1}{q_1}$$

在单一价格上涨方式下，产品 1 和产品 2 不构成相关市场，而在统一价格上涨方式下，它们却构成相关市场。

5.4　本章小结

本章在搭建临界损失分析基本框架的基础上，放松在价格上涨区间内需求曲线是平滑的和边际成本不变这两个假设条件，考察在具体案例中如果这些假设条件得不到满足，会产生什么问题，该如何解决，并提出了针对备选市场上有多种差异化产品时临界损失分析"利润不变"版失效的问题，进而提出了新的临界损失分析思路，研究结果如下。

第一，临界损失分析两种版本构建的指标和约束条件均不同。在"利润不变"版下，各种临界损失分析思路的考察指标不同，但约束条件相同，即价格上涨前后假定垄断者的利润不变。

第二，在价格上涨区间内，当需求曲线折向原点或边际成本由小变大时，将会界定出过宽的相关市场；当需求曲线折离原点或边际成本由大变小时，将会界定出过窄的相关市场。

第三，本研究提出的基于推测变分技术的临界损失分析可以有效解决在价格上涨区间内，需求曲线存在尖点和边际成本可变将会导致相关市场界定结果过宽或过窄的问题。

第四，当备选市场上有多种差异化产品时，本研究提出的临界损失分析新思路是有效的，并且具有较强的可操作性。单一价格上涨方式下界定出的相关市场一般宽于统一价格上涨方式下界定出的相关市场。

因此，在反垄断执法实践中，如果根据行业的技术经济特征和行业竞争状况，怀疑案件的需求曲线存在尖点或边际成本可变，那么建议反垄断当局采用本研究提出的临界损失分析思路来界定相关市场，避免因界定出错误的相关市场而放过可能损害相关市场竞争的并购案或者禁止可能促进相关市场竞争的并购案。尤其要提防，申报方和第三方可能会故意采用不恰当的相关市场界定方法来得到他们想要的相关市场界定结果。如果临界损失分析的起点选择不当，可能需要不断扩大备选市场，进行多次的临界损失分析。此时建议采用本研究提出的临界损失分析新思路来界定相关市场，或者重新选择恰当的分析起点，争取执行 1~2 次临界损失分析就可以界定出相关市场。

为了简化分析，在拓展临界损失分析时，假设备选市场只有一种产品。当备选市场上有多种差异化产品时，基于推测变分技术的临界损失分析还有效吗？有兴趣的读者可以尝试拓展之。为了简化分析，本研究提出的临界损失分析新思路是基于备选市场有两种差异化产品的假设提出来的，它是否会拓展到备选市场上有 n 种产品的一般情形？其实这样做的成本也不大，因为如果分析起点选择恰当，一般经过 1~2 次临界损失分析通常都可以界定出相关市场。

第6章 免费产品的经济学逻辑及相关市场界定思路

俗语云：天下没有免费的午餐。但是，生活中免费的产品比比皆是。比如，我们可以听免费的广播，不用花钱就可以使用百度搜索，也可以免费使用QQ与亲朋好友聊天。"免费"好像已经成为网络经济的一个关键词，免费+广告和增值业务好像已经成为网络产业标准的商业模式。我们知道，企业都是追求利润最大化的，那么为什么会有免费产品存在呢？

目前中外著名的互联网企业都提供免费的产品。微软提供免费的浏览器和媒体播放器，Google提供免费的搜索服务，腾讯提供免费的即时通信服务，新浪提供免费的微博，奇虎公司提供免费的杀毒软件，等等。如果这些企业牵涉反垄断案件，那么传统的反垄断分析方法是否适用于涉及免费产品的反垄断案件？比如，假定垄断者测试是否可以适用于涉及免费产品的反垄断案件。

虽然世界各国的微软案、Google案和Oracle收购Sun案中已经涉及免费产品的反垄断分析问题，但是各相关方基本都选择回避上述问题。另外，在美国的Kinderstart v. Google案和中国的唐山人人诉百度案中，美国联邦法院和百度公司均以产品是免费的为由，否定相关市场的存在。目前国外已经有个别学者开始讨论上述问题，在分析免费产品的经济学逻辑的基础上，Evans分析了免费产品给传统反垄断分析提出的挑战，指出如果采用传统方法来分析涉及免费产品的反垄断案件可能会犯第一类和第二类错误。[①] Evans 指出不同的互联网平台之间可能存在"关注力竞争"（attention rivalry）。也就是说，从用户角度看，互补品之间也可能存在关注力竞争。[②] 总的来说，Evans 发表的与本研究主题密切相关的论文指出了免费产品的反垄断审查中的基本问题。但是，其分析不够深入，也没有给出很好的答案。本研究首先深入分析免费产品背后的经济学逻辑，然后考察免费产品的相关市场界定思路。

6.1 免费产品的经济学逻辑

企业不是慈善机构，它的目标是追求利润最大化，所以企业提供免费产品是一种理性的、追逐利润最大化的方式。"失之东隅，收之桑榆"。提供免费产品的企业肯定可以从其他产品的销售中得到足以补偿免费产品成本的利润，否则，免费产品的提供将无以为继。根据企业收回免费产品成本的方式不同，免费产品主要分为互补配对类产品、体验类产品、多边平台类产品和开源软件类产品。

6.1.1 互补配对类产品

剃须刀架和剃须刀片是经济学家经常引用的一种互补配对类产品。除此之外，日常生活中还有很多互补配对类产品，如打印机和墨盒（或硒鼓）、牙刷和牙膏、饮水机和桶装水等。这些配对产品中通常一种产品为耐用品，另一种产品为配件。比如打印机属于耐用品，

[①] Evans, D. S., "Platform Economics: Essays on Multi-Sided Businesses," Chicago: Competition Policy International, 2011.

[②] Evans, D. S., "Attention Rivalry Among Online Platforms," *Journal of Competition Law and Economics*, 2013, 9 (2), pp. 313-357.

墨盒（或硒鼓）为配件。从广义上看，旅游景点和景区住宿餐饮服务、会员资格和服务项目、产品和售后服务等产品组合也属于互补配对类产品。互补配对类产品的商业模式主要有三种：一是耐用品免费，配件收费，如西湖风景区的门票免费，住宿餐饮服务收费；二是耐用品收费，配件免费，如 Office 软件是收费的，补丁和自动更新服务是免费的；三是耐用品和配件均收费，如打印机和墨盒都是收费的。鉴于本研究主题是免费产品，下面将重点研究前两类互补配对类产品。

从总体上看，互补配对类产品背后的经济学逻辑非常清晰，通过免费产品吸引消费者，从互补品的销售中获得利润。具体来说，对于第一类互补配对类产品，提供互补配对类产品的企业取得成功的关键在于通过各种手段提高转换成本，进而锁定耐用品的消费者。大多数学者认为，吉列公司（Gillette）的商业模式[1]是互补配对类产品理论的最好诠释。但是，Picker 研究发现，如果企业不能通过专利、产品设计和其他手段锁定耐用品的消费者，那么该企业将无法从配件销售中获得利润。[2] 假设生产耐用品和配件的成本分别为 C_d 和 C_c，配件是同质性产品，消费者可以自由选择配件。为此，同时提供耐用品和配件的企业的配件价格只有大于（$C_d + C_c$）时，它才可以获得利润，而仅提供配件的企业的配件价格只要大于 C_c 就可以获得利润。在此情况下，同时提供两种产品的企业将无法生存。这类似于"撇奶油"问题。

第二类互补配对类产品背后的经济学逻辑相对比较简单。俗话说，羊毛出在羊身上。免费的售后服务的成本已经加在商品价格中。举个例子，当我们在旅馆住宿时，宾馆一般都提供免费的牙刷、牙

---

[1]　剃须刀架免费，剃须刀片收费。

[2]　Picker, R. C., "The Razors-and-Blades Myths," http：//ssrn. com/abstract＝1676444, 2010.

膏、梳子和拖鞋等，并且可以洗免费的热水澡、观看免费的电视、享用免费的早餐。实际上，这些费用已经包含在房费里了。

6.1.2 体验类产品

体验类产品在日常生活中比比皆是，比如试吃食品、试用版软件和试听课程等。根据体验品和正式商品之间的关系，一般可以分为两类：第一类，体验品和正式商品之间毫无差别，甚至优于正式商品，比如有些试用版软件与商业软件在功能上毫无差异，但是有时间限制；第二类，体验品的质量远低于正式商品，比如有些试用版软件的功能比较少，但是没有使用期限的限制。从宏观上看，体验品背后的经济学逻辑非常清晰，即通过免费的体验品来吸引消费者，然后将一部分体验者转化为正式商品的消费者。体验品的成本类似于一种广告费用。具体来说，两类体验品的质量选择不同，它们背后的经济学逻辑也是不同的。

对于第一类体验品，消费者可以全面了解正式商品。但是，如果体验期相对于消费者的学习时间来说比较短，消费者对该商品还没有完全"上瘾"或痴迷程度有限，或者说消费者没有被完全锁定，那么试用期过后被驱赶到正式商品的消费者将会受到很大的影响。一般来说，当消费者使用体验品时，都还没有购买正式商品。当消费者购买正式商品后，都将不再使用体验品。另外，体验品的试用期限一般比较短，比如试用版软件的试用期通常为 30 天。因此，体验品和正式商品之间不存在替代关系。① 也就是说，体验品对正式商品不会产生竞争约束。

对于第二类体验品，消费者只能了解正式商品的基本功能，可能

---

① 现实中，有的软件可以无限次试用。当试用期到期后，消费者可以重新安装软件，再获得一个试用期。此时，体验品和正式商品之间将存在一定的替代关系。一般来说，大多数消费者都没有频繁安装和卸载软件的耐心。

会影响消费者对该商品的评价，最终影响消费者的购买决策。但是，消费者可以无限期使用体验品，比如试用版软件。这将会产生两种相反的效应：一是体验品和正式商品之间存在替代关系，一些对功能或质量要求不高的消费者将不会购买正式商品，这对企业是不利的；二是体验品可以吸引大量的消费者，一方面企业可以利用这些用户资源吸引广告商，另一方面可以吸引互补品的生产者，通过间接网络效应增加正式商品的价值，这对企业是有利的。在现实中，对于一种具体的产品来说，这两种效应孰大孰小则是属于实证问题。

比较来看，第一类体验品的驱赶力度较大，试用期到期后，所有的消费者都面临同样的选择，即"买"或者"不买"。第二类体验品的驱赶力度相对较小，高端用户可以选择购买正式商品，低端用户可以继续使用体验品。第一类体验品没有替代效应，也不具有网络效应，而第二类体验品有替代效应，也具有网络效应。至于在现实中，采用哪一种模式比较好，取决于商品的特征和市场环境等因素。

6.1.3　多边平台类产品

多边平台类产品是指这样一类产品——多组消费群体通过一个中介或平台相互作用，并且一组消费群体的决策通常通过外部性影响另一组消费群体收益。目前多边平台类产品已经遍及人们生活工作的方方面面，比如，报纸、电视、多媒体游戏和支付系统，以及操作系统、搜索引擎和社交网站，等等。根据收费模式不同，多边平台类产品可以分为单边收费平台和多边收费平台。根据商业模式差异，多边平台类产品可以分为基于广告的平台、基于增值业务的平台、基于广告和增值业务的平台。根据多组消费群体之间的作用方式不同，多边平台类产品可以分为同向反馈平台和反向反馈平台。限于篇幅和本研究主题，下文将以搜索引擎为例，重点研究多边平台类产品背后的经济学逻辑。

从图 6-1 可以看出，首先，搜索平台企业首先通过向搜索用户免费提供搜索服务积累用户基数，然后以用户资源为筹码向广告商出售广告位置服务。一般来说，用户数越多，用户的个体特征信息越多，平台价值越大，广告费也越高。其次，对于广告商来说，搜索用户越多，平台的价值越大。但是，对于搜索用户来说，搜索结果中的广告越多，平台的价值越小。最后，搜索平台企业不仅面临其他搜索平台企业的竞争，如百度和 Google 的竞争，还面临网页、报纸和电视等其他媒体平台的竞争，如百度和中央电视台的广告竞争。[①]

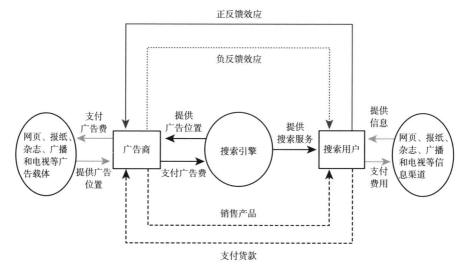

图 6-1　搜索引擎平台的市场运行示意

从以上分析可以看出，平台企业首先要解决著名的"鸡蛋问题"，即解决先吸引哪边消费者的问题。对于搜索引擎平台来说，平台企业首先要吸引搜索用户，有了用户资源，广告商自然会找上门

---

① Evans（2013）所说的"关注力竞争"（attention rivalry）。Evans，D. S.，"Attention Rivalry Among Online Platforms,"*Journal of Competition Law and Economics*，2013，9（2），pp. 313-357。

来。但是，对于操作系统软件平台来说，平台企业通常要同时吸引开发者和用户，当两边用户的规模都达到一定程度后，在网络效应的作用下，市场上可能会出现一家独大的市场结构，如 Windows 平台。

在解决"鸡蛋问题"之后，平台企业将面临多方面的竞争压力。一方面，与同类平台企业在用户侧和广告商侧进行双边竞争；另一方面，与其他提供广告服务的企业在广告商侧进行单边竞争。实际上，多种不具有替代关系的平台之间还存在竞争消费者的"关注力"（attention）。① 这一点对基于广告的平台来说，尤为重要，因为消费者停留时间越长的平台，对广告商来说其价值越大。在单边或双边用户群体高度重合的情况下，这些平台之间的竞争将更加激烈。

一般来说，平台产品还具有网络效应的特征。一个平台某一边用户一旦开始减少，在网络效应的作用下，另一边用户也将迅速减少，在很短的时间，该平台将很快消失。塞班系统的没落就是最好的例证。平台产品与互补品的根本区别在于前者同时服务至少两组消费群体，而后者只服务一组消费群体。

6.1.4　开源软件②类产品

开源软件是相对于源代码封闭的商业软件而言的。任何企业或个人都可以获得和传播开源软件的源代码，也可以对源代码进行修改、

---

① Evans, D. S., "Attention Rivalry Among Online Platforms," *Journal of Competition Law and Economics*, 2013, 9（2）, pp. 313-357.

② Evans（2011）将免费软件列为一类免费产品。笔者认为此做法有些不妥，理由是开源软件、盗版软件和试用版软件通常都是免费的。但是它们背后的经济学逻辑不同。盗版软件是一种侵权产品，主要由个人提供和传播，大多数情况下是消费者自用，但也不排除存在专门从事盗版软件业务的企业。比如，番茄花园提供盗版的微软产品。试用版软件类似于体验品。Evans, D. S., "The Antitrust Economics of Free," *Competition Policy International*, 2011, 7（1）, pp. 71-96。

补充和完善。但是，开源软件的使用并不是没有条件的，一般需要遵循一定的许可协议，如 GPL（General Public License）协议。目前比较著名的开源软件有 Linux、Apache、Java 和 Android 等。

开源软件一般由开发者、社区（community）、研究机构和企业提供。一般来说，社区和研究机构都是非营利组织，其研究开发资金一般由政府提供或企业资助。开发者之所以开发并提供开源软件是基于一种信号激励：一是向潜在雇主或合作者展示自己的软件开发实力，以期得到报酬丰厚的工作或获得风投资金；二是向同行展示自己的天赋和才华，以期赢得同行的尊重。① 更为重要的是，这种信号激励的收益一般大于开发开源软件的机会成本。

企业提供开源软件一般有以下几种情况：一是同时提供免费的开源软件和收费的商业软件，如 Sugar CRM，其背后的经济学逻辑类似于体验类产品；二是提供免费的开源软件，同时提供付费的增值服务，如红帽公司提供付费的 Linux 技术支持，该模式背后的经济学逻辑类似于多边平台类产品；三是资助开源软件的研发，同时销售开源软件的互补品，如 IBM 资助 Apache 的主要目的是销售其服务器软件和硬件产品，该模式背后的经济学逻辑类似于耐用品—配件类产品。

6.2 免费产品的相关市场界定思路

6.2.1 假定垄断者测试

相关市场界定是反垄断政策的基石。目前假定垄断者测试及其执

① Lerner, J., J. Tirole, "Some Simple Economics of Open Source," *Journal of Industrial Economics*, 2002, 50 (2), pp. 197-234.

行方法是世界各国反垄断当局界定相关市场的主流方法。假定垄断者测试，也称为 SSNIP（Small but Significant and Nontrasitory Increase in Price）测试，是 1982 年美国《横向并购指南》中提出的一种抽象的、界定相关市场的分析范式，其核心思想是假设两家或多家企业通过并购成为某个市场的垄断者，在其他条件不变的前提下，考察该（追求利润最大化的）垄断者是否可以或将会以小幅的、显著的、非暂时的方式提高产品价格。如果答案是肯定的，假定垄断者所处的市场将构成相关市场；否则，拓展假定垄断者所控制的产品或地域范围，直到答案变为肯定。虽然假定垄断者测试并不完美，但是它是目前相对比较成熟的相关市场界定范式，被世界各国的反垄断当局广泛采用。[①]

由于免费产品的价格为 0，0 乘以任何数都等于 0，假定垄断者测试无法直接应用于涉及免费产品的反垄断案件。这是不是意味着涉及免费产品的反垄断案件将无法界定相关市场？答案是否定的。实际上，转换一下思路，涉及免费产品的反垄断案件仍然可以采用假定垄断者测试来界定相关市场。具体来说，有如下两种转换思路。

第一种，采用隐性价格。对于基于广告的平台，消费者免费享受平台服务（如搜索服务）的同时往往受到广告的侵扰。我们可以把广告对消费者的负面影响看作消费者支付的平台服务的价格，即隐性价格。这样，我们就可以考察假定垄断者将隐性价格以 SNNIP 方式（通常指以 5%~10% 的幅度持续上涨 1 年）涨价是不是有利可图的。在奇虎 360 诉腾讯滥用市场支配地位案中，原告聘请的经济学家 David Stallibrass 就持有该观点。

第二种，采用影子价格。对于免费产品，企业可以通过降低产品

---

① 黄坤：《企业并购审查中的相关市场界定：理论与案例》，社会科学文献出版社，2013。

质量来变相提高产品价格。如果将产品质量看作免费产品的影子价格，那么我们就可以考察假定垄断者将影子价格以 SSNIP 方式涨价是不是有利可图的。

从理论上看，采用隐性价格和影子价格的思路是可行的。但是，在具体案例中，隐性价格或影子价格很难用具体的指标来度量。比如，3Q 大战中，腾讯公司采取的"二选一"行为毫无疑问导致了 QQ 产品的质量下降，但是其却很难度量。即使隐性价格或影子价格可以度量，相关数据也可能无法获得。比如，在一些案例中，可以用消费者被迫浏览的广告数量度量隐性价格，但是这些数据一般很难获得，或者获取成本过高。即使度量隐性价格或影子价格的数据可以获得，在实践中一般也很难获得一种被各相关方均认可的隐性价格或影子价格。总的来说，这两种思路缺乏可操作性。

6.2.2 假定垄断行为测试

虽然免费产品古已有之，但是在 1982 年假定垄断者测试被提出时，涉及免费产品的反垄断案件几乎没有。因此，假定垄断者测试仅考虑价格这一项垄断行为经常涉及的指标。实际上，非价格垄断行为也是非常普遍的，如搭售和捆绑。也就是说，对涉及非价格行为的反垄断案件，假定垄断者测试都显得力不从心。为了解决这个问题，我们提出了一种新的相关市场界定思路——假定垄断行为测试。

假定垄断行为测试的思路非常简单，与假定垄断者测试的重要区别在于，它考察假定垄断者实施某种假定的垄断行为是不是有利可图的，而不仅仅考察价格这一项指标。实际上，将价格以 SSNIP 的方式上涨只是其中一种假定的垄断行为。换句话说，假定垄断者测试是一个特例，或者说，假定垄断行为测试是假定垄断者测试的一种推广。目前我们正在完善假定垄断行为测试的分析范式，尝试提出其执行方法。比如，推导出类似临界损失分析的计算公式，使之具有可操作性。

6.3 本章小结

相关市场是反垄断政策的基石。假定垄断者测试及其执行方法是目前主流的相关市场界定方法。假定垄断者测试是 1982 年美国《横向并购指南》中针对传统产品提出的一种分析范式。它是否适用于免费的平台产品？

本研究表明，假定垄断者测试不能直接应用于免费的平台产品市场。如果将免费产品用户必须浏览的广告和可能购买的增值服务换算为隐性价格或影子价格，那么假定垄断者测试也可以应用于免费的平台产品市场。但是，在具体案例中，一般隐性价格或影子价格很难确定，或者很难选择一个各相关方均认可的影子价格或隐性价格。也就是说，这两种思路在具体实践中很难实施。基于假定垄断者测试的思路，本研究提出了一种新的相关市场界定思路——假定垄断行为测试。

第7章 可口可乐拟并购汇源案 *

可口可乐拟并购汇源案（以下简称"汇源案"）是被商务部否决的一起企业并购案，引起了国内外舆论界和学术界的广泛争论。相关市场是大家争论的焦点之一。经营者集中方认为，本案的相关市场应该是中国软饮料市场，甚至中国饮料市场，而不是商务部界定的中国果汁市场。王晓晔则认为，商务部界定的相关市场是合理的。① 可是，正反双方都没有提供可靠的定量证据来佐证他们的观点。本章将利用 2003~2007 年中国软饮料 4 位码行业的季度数据，通过估计需求系统，采用假定垄断者测试和临界损失分析等方法来界定本案的相关市场，尝试为本案的相关市场界定补充一些定量证据。

通过分析备受关注的可口可乐拟并购汇源案，本章旨在解答三个问题：第一，在具体案例中，如何界定相关市场，即界定相关市场的流程；第二，在具体案例中，第 3 章介绍的各种常用方法之间存在何种联系；第三，商务部界定的相关市场是否合理。

7.1 案件简介

2008 年 9 月 2 日，美国可口可乐公司全资附属公司大西洋公司

---

* 本章主要内容发表于《中国工业经济》2010 年第 12 期。

① 王晓晔：《反垄断法中相关市场的界定》，《国际商报》2009 年 9 月 1 日。

（以下简称"可口可乐"）以每股 12.2 港元的价格拟收购中国汇源
果汁集团有限公司（以下简称"汇源"）100% 的股权，该项交易约
179.2 亿港元，约合 24 亿美元。

可口可乐于 1979 年进入中国，是中国碳酸饮料行业的领导者。
从 2001 年起，可口可乐在中国陆续推出了酷儿和美汁源两种果汁饮
料。2007 年可口可乐在中国碳酸饮料和果汁市场的市场份额分别为
60.6% 和 7.6%。[①] 汇源成立于 1992 年，是中国最大的果蔬汁饮料生
产商之一，主要产品包括 100% 果汁、26%~99% 中浓度果汁和 25%
及以下浓度的果汁饮料。[②] 2007 年汇源在中国果汁市场的市场份额为
5.6%，仅次于居首位的可口可乐。[③]

《国务院关于经营者集中申报标准的规定》指出，"（如果）参与
集中的所有经营者上一会计年度在中国境内的营业额合计超过 20 亿
元人民币，并且其中至少两个经营者上一会计年度在中国境内的营业
额均超过 4 亿元人民币"，那么经营者应当事先向国务院商务主管部
门申报，未申报的不得实施集中。2007 年可口可乐和汇源在中国境
内的营业额分别达到约 91.2 亿元人民币和约 25.9 亿元人民币。因
此，此项并购必须接受反垄断审查。

2008 年 9 月 18 日，可口可乐向商务部递交了申报材料，随后按
照商务部的要求又陆续补充了申报材料。2008 年 11 月 20 日，商务
部开始对此项申报进行立案审查。由于此项集中规模较大、影响复
杂，30 天后并购审查进入第二阶段。在此阶段，经过一番评估后，

[①] 碳酸饮料数据来自商务部新闻发言人姚坚就可口可乐收购汇源公司反垄断审查
决定答记者问，果汁数据来自北京华通人商用信息有限公司《中国果菜汁及果
菜汁饮料行业分析报告》。

[②] 北京华通人商用信息有限公司《中国果菜汁及果菜汁饮料行业分析报告》，第
36~38 页。

[③] 北京华通人商用信息有限公司《中国果菜汁及果菜汁饮料行业分析报告》，第
30 页。

商务部认为此项并购完成后，可口可乐公司可能将其在碳酸饮料市场上的支配地位传导到果汁饮料市场，从而排除、限制果汁饮料市场的竞争。在与可口可乐就补救措施谈判未果后，商务部于 2009 年 3 月 18 日基于以下理由禁止了此项经营者集中申请。

第一，集中完成后，可口可乐有能力将其在碳酸饮料市场上的支配地位传导到果汁饮料市场，对现有果汁饮料企业产生排除、限制竞争效果，进而损害饮料消费者的合法权益。

第二，品牌是影响饮料市场有效竞争的关键因素，集中完成后，可口可乐通过控制"美汁源"和"汇源"两个知名果汁品牌，对果汁市场控制力将明显增强，加之其在碳酸饮料市场已有的支配地位以及相应的传导效应，集中将使潜在竞争对手进入果汁饮料市场的门槛明显提高。

第三，集中挤压了国内中小型果汁企业生存空间，抑制了国内企业在果汁饮料市场参与竞争和自主创新的能力，给中国果汁饮料市场有效竞争格局造成不良影响，不利于中国果汁行业的持续健康发展。

7.2　中国软饮料市场

鉴于可口可乐和汇源均处于软饮料市场，且软饮料和酒精饮料的功能之间存在巨大差异，我们可以初步判断本案的相关产品市场不应该比软饮料市场宽。在这一点上，我们相信大部分学者会同意这一观点。因此，在界定本案的相关市场之前，首先需要考察一下中国软饮料市场的竞争状况，以及软饮料行业的经济特征。

7.2.1　中国软饮料市场的竞争状况

《国民经济行业分类》（2002）将中国软饮料行业细分为碳酸饮料、果菜汁及果菜汁饮料（以下简称"果汁"）、瓶（罐）装饮用水（以下简称"饮用水"）、含乳饮料和植物蛋白饮料（以下简称"蛋白质饮料"）、固体饮料、茶饮料及其他软饮料（以下简称"茶饮料"）6 个四位码行业。利用 2007 年中国规模以上工业企业数据，我们计算出中国软饮料四位码行业的市场集中度如表 7-1 所示。

表 7-1　2007 年中国饮料行业的市场集中度

行业	CR1	CR2	CR3	HHI
碳酸饮料	57.10	80.45	84.03	3834
果汁	7.60	14.60	21.50	247
饮用水	44.95	54.01	57.87	2145
蛋白质饮料	21.04	31.63	41.90	798
固体饮料	64.61	77.78	79.87	4367
茶饮料	34.19	56.57	66.61	1863

资料来源：根据 2007 年中国工业企业数据整理计算所得。

可以看出，除了果汁、蛋白质饮料外，中国软饮料市场的集中度较高，HHI 指数均在 1800 以上。固体饮料和碳酸饮料市场的 CR1、CR2 和 CR3 均超过《反垄断法》第十九条推定市场支配地位的标准，也就是说，这两个细分市场已经存在具有支配地位的企业。

在碳酸饮料市场上，2007 年可口可乐和百事可乐占据了碳酸饮料 80% 以上的市场份额，第三大碳酸饮料供应商娃哈哈的市场份额不足 5%。HHI 指数为 3834，市场集中度较高。另外，作为生产碳酸饮料的重要原料——浓缩液，基本由可口可乐和百事可乐提供。

虽然果汁市场的市场集中度较低，前四家企业的市场份额不足 25%，但是在细分市场上市场集中度较高。在低浓度果汁市场上，据北京华通人商用信息有限公司《中国果菜汁及果菜汁饮料行业分析报告》统计，2008 年可口可乐、统一企业、康师傅、汇源的市场份额（以销量计）分别为 29.2%、22.6%、19.2%、7.4%，前四家企业的市场份额高达 78.4%。在中高浓度果汁市场上，AC 尼尔森的调查数据显示，2007 年汇源果汁在国内纯果汁、中浓度果汁及果汁饮料市场上的占有率分别达 42.6%、39.6%，均居各细分市场的首位。另外，海升、国投中鲁和安德利等企业的产品主要销往国外市场，比如安德利 90% 以上[①]的产品销往北美、欧洲和其他海外市场。这更加凸显了汇源在中高浓度果汁市场上的领先地位。

饮用水市场是一个寡头市场。2007 年共有 390 多家规模以上企业，其中娃哈哈一家独大，2007 年的市场份额高达 44.95%，远高于位居次席的康师傅（9.06%），而排第三的润田的市场份额仅为 3.86%。

蛋白质饮料市场的竞争相对激烈。2007 年共有 170 多家规模以上企业，其中娃哈哈、厦门银鹭和露露集团位居前三，2007 年的市场份额分别为 21.04%、10.59% 和 10.26%。

固体饮料市场的竞争程度相对较低，并且存在一定的市场分割。一方面，2007 年前三家企业的市场份额相差较大，居首位的维维集团占有 64.61% 的份额，排第二名的雀巢集团的市场份额为 13.18%，排第三名的卡夫的市场份额仅有 2.09%。另一方面，企业的产品差异相对较大，维维集团主营豆制品，雀巢集团主营咖啡产品，而卡夫集团则主营果汁产品。

茶饮料市场的市场集中度也较高，2007 年前三家企业的市场份额为 66.61%，其中康师傅为 34.19%、加多宝集团（王老吉）为 22.38%、娃哈哈为 10.04%。

综合以上分析，我们认为，中国软饮料的某些细分市场上可能存在一定的竞争问题，比如本案涉及的碳酸饮料市场和果汁细分市场。

7.2.2　软饮料行业的经济特征

无论采用何种方法来界定相关市场，事先都需要搞清楚涉案产品

---

① 数据来源于北京华通人商用信息有限公司《中国果菜汁及果菜汁饮料行业分析报告》。

之间的替代关系，而行业经济特征是分析产品之间替代关系的关键。研究发现，软饮料行业具有如下经济特征。

7.2.2.1　市场进入壁垒较高

首先，软饮料行业的广告投入较大。根据中国规模以上工业企业数据，2007 年碳酸饮料、饮用水、果汁、蛋白质饮料、固体饮料、茶饮料的广告支出分别为 19.57 亿元、6.06 亿元、7.55 亿元、2.57 亿元、2.48 亿元、11.43 亿元，分别占其主营业务收入的 4.13%、1.84%、1.69%、1.34%、1.51%、4.14%，而 2007 年 525 个四位码行业（工业）的广告支出占主营业务收入的比重平均为 0.25%。另外，2004~2007 年 6 个软饮料四位码行业均进入前 25 个广告支出占比最高的行业名单，其中碳酸饮料一直处于前五名。

其次，销售网络建设成本高、周期长。一般来说，新进入企业要在初期投入大量的资金和时间来铺设自己的销售渠道，产生高额的沉没成本。

再次，存在显著的品牌效应。软饮料市场的技术门槛较低，同类产品之间的功能差异较小，消费者单从口感上很难判断其优劣。加上，随着收入水平的提高，人们越来越重视健康，为了保证买到高品质的放心产品，人们越来越相信品牌是质量的保证。另外，人们的消费习惯也会加强品牌效应，比如，若消费者习惯了雪碧的口味一般就不会轻易购买七喜。

最后，软饮料行业的纵向一体化程度较高。由于软饮料行业的上下游关系比较紧密，为了降低成本和风险，大中型企业一般都有自己的原材料基地。比如，汇源在全国就有 100 多个果园和水果生产供应基地。可口可乐和百事可乐都有自己的浓缩液厂。

7.2.2.2　存在区域市场分割

软饮料主要成分是水，价值也不大，所以其运输成本相对较高。为了降低运输成本，一般企业会在其主要经营区域内设立装瓶厂。为了防止装瓶厂之间出现竞争，总公司一般都规定每个装瓶厂的供应区域，从而形成区域市场分割的局面。截至 2007 年，可口可乐已在中国 22 个省区市设有 28 家装瓶厂、1 家浓缩液厂；百事可乐在中国 16 个省区市设了 19 家装瓶厂、1 家浓缩液厂；娃哈哈有 6 家子公司或合资公司，有非常可乐一个品牌。[1] 汇源在全国拥有 20 多个果汁及果汁饮料制造厂。

7.2.2.3 具有规模经济性和范围经济性

软饮料行业的规模经济性主要体现在：随着企业规模的不断扩大，企业可以引进先进的设备，提高生产效率；摊薄广告、销售人员费用等营销成本；增强企业的买方市场支配力，降低采购成本；等等。

许多软饮料产品都采用相同的原料、类似的生产流程、面对相同的消费者，所以企业的多产品战略会降低其固定成本，具有一定的范围经济性。

7.2.2.4 软饮料消费是一种差异化需求

不同的消费者有不同的消费偏好，比如年轻人喜欢碳酸饮料，而老年人喜欢茶饮料；女性偏爱果汁类和乳类饮料，男性偏爱碳酸饮料和功能性饮料。另外，软饮料消费也具有区域差异。比如，北京人喜欢喝咖啡，上海人喜欢喝茶，广东人则钟情于纯净水和矿泉水。[2]

7.2.2.5 消费者有多重购买行为

为了满足消费者口味多元化需求，软饮料生产企业经常同时推出多种口味的同类产品。消费者在购买时也经常一次性购买多种口味，甚至多个品牌的产品，因为家庭成员（或聚会人员）可能有不同的口味偏好，即使同一个人也可能有口味多元化需求。Dube 发现，约 31% 的购买行为是一次性购买多个品牌、多种口味的碳酸饮料产品。[3]

---

[1] 根据 2007 年中国工业企业数据整理计算所得。
[2] 艾瑞咨询：《中国饮料行业在线消费者调研报告（2009）》。
[3] Dube, J. Pierre, "Maltiple Discreteness and Product Differentiation: Demand for Carbonated Soft Drinks," *Marketing Science*, 2004, 23 (1), pp.66-81.

7.3　涉案产品

不管采用何种方法来界定相关市场，在界定相关市场之前，一般都必须明确相关产品的内涵。注意，这里的相关产品并不局限于最终界定出的相关市场上的产品，而是所有可能与案件有关的产品。为了避免混淆，这里称为涉案产品。如果将产品界定过窄，具体操作过程中可能无法获得相应的数据，即使能获得这些数据，执法机构可能也没有充足的时间从单个产品开始界定相关市场。与此同时，如果将产品界定过宽，那么即使只执行一次假定垄断者测试，也可能界定过宽的相关市场，因为起点的备选市场过宽。在本案中，如果将饮料产品界定为相关产品，显然是过宽的。那么本案的涉案产品是什么呢？

首先，了解一下本案拟并购双方的主要产品。从品牌层次看，截至 2007 年底，可口可乐在中国主要生产可口可乐、健怡可乐、雪碧、芬达和醒目 5 种碳酸饮料，美汁源和酷儿 2 种果汁饮料，雀巢冰爽茶和茶研工坊 2 种茶饮料，冰露、天与地和水森活 3 种饮用水，以及健康工坊和怡泉等其他产品；汇源的产品线也比较丰富，主要有汇源100%果汁系列、含有中浓度果汁的果肉系列、含有低浓度果汁的果汁饮料系列、复合果蔬汁全有系列和果汁醋系列，以及汇源红茶等茶饮料。[①]从具体产品层次看，并购双方的每种品牌都有多种口味，每种口味又有多种包装，因此产品有成千上万种。从行业层次看，它们都生产同一种产品——软饮料。

其次，了解中国软饮料行业的相关准则和行业分类标准。除了《国民经济行业分类》将中国软饮料行业细分为 6 个四位码行业外，

---

① 近几年，汇源果汁又推出了许多新产品，如 2008 年推出核桃露等植物蛋白饮料，2009 年推出果汁奶等乳饮料系列，2010 年推出了果汁果乐（碳酸饮料）、圣水峪等饮用水。

《饮料通则》（2007）将饮料划分为碳酸饮料、果汁和蔬菜汁、蛋白饮料、包装饮用水、茶饮料、咖啡饮料、植物饮料、风味饮料、特殊用途饮料和固体饮料等11大类44小类。

综合以上分析，我们认为按软饮料四位码层次将涉案产品界定为碳酸饮料和果汁等6种产品比较合适，理由是：（1）没有必要将可口可乐和汇源生产的每种产品（比如1.5升雪碧）界定为涉案产品，因为不同包装（或口味）的同类产品之间具有较强的替代性；（2）虽然《饮料通则》的划分标准也比较合理，但是现实中我们很难获得相应的统计数据，缺乏可操作性；（3）《国民经济行业分类》的划分标准不仅产品范围与本案比较吻合，而且有比较详细的统计数据。

根据《国民经济行业分类》，碳酸饮料是指在一定条件下充入二氧化碳气体的饮用品，其成品中二氧化碳气体的含量（20℃时的体积倍数）不低于2.0倍。果汁是指以新鲜或冷藏水果和蔬菜为原料，经加工制得的果菜汁液制品，以及在果汁或浓缩果汁、蔬菜汁中加入水、糖液、酸味剂等，经调制而成的可直接饮用的饮品（果汁含量不低于10%）。饮用水是指以地下矿泉水和符合生活饮用水卫生标准的水为水源加工制成的，密封于塑料瓶（罐）、玻璃瓶或其他容器中，不含任何添加剂，可直接饮用的水。蛋白质饮料是指以鲜乳或乳制品为原料（经发酵或未经发酵），加入水、糖液等调制而成的可直接饮用的含乳饮品；以及以蛋白质含量较高的植物的果实、种子或核果类、坚果类的果仁等为原料，在其加工制得的浆液中加入水、糖液等调制而成的可直接饮用的植物蛋白饮品。固体饮料是指以糖、食品添加剂、果汁或植物抽提物等为原料，加工制成粉末状、颗粒状或块状制品［其成品水分（质量分数）不高于5%］。茶饮料是指未列入上述各类的茶饮料、特殊用途饮料等其他软饮料。

将涉案产品界定清楚后，下面就可以采用常用方法来界定本案的相关市场了。根据案件的复杂性和数据获取情况，一般可以从定性和

定量两个角度来界定相关市场。在本案中，我们获取了 2003～2007
年中国软饮料四位码行业的消费数据，具备从定量角度界定相关市场
的条件。因此，在界定相关市场之前，首先估计本案的需求系统，以
获得后面界定相关市场所需的需求价格弹性信息。

7.4 需求系统的设定和估计

根据前文的分析，需求系统的设定可能会影响最终的相关市场界
定结果。在实践中，各相关方往往估计出不同形式的需求系统，并从
中挑选出拟合效果最好、最有利的需求函数形式，然后利用其信息来
界定相关市场。

为了验证前文所构建的相关界定方法的理论框架，在本案中我们
将需求系统分别设定为线性和不变弹性两种形式。① 利用 2003～2007
年中国软饮料四位码行业的季度需求量和平均价格数据，估计涉案产
品的线性和不变弹性需求函数。

7.4.1 需求系统的设定

由于只获得碳酸饮料、果汁和饮用水的销售收入和产量数据，并
且 2004 年经济普查后，规模以上饮用水生产商的构成变化较大，②
2004 年前后的数据可比性较差，再加上本案关注的焦点是碳酸饮料
和果汁之间的替代关系和替代程度，这里只估计碳酸饮料和果汁的需
求函数。

---

① 在反垄断实践中，估计需求系统的主要目的是获取需求价格弹性。线性需求函
　数的需求价格弹性是可变的，而不变弹性需求函数的需求价格弹性是不变的，
　因此，我们所考察这两种函数形式是具有代表性的。
② 在中国工业企业数据库中，2004 年末有 301 家规模以上饮用水生产企业，其中
　167 家是 2004 年新增的企业。

软饮料的需求量不仅受到软饮料价格的影响，还受到其他因素的影响。为此在需求函数中添加了居民可支配收入和季节因素两个控制变量。综合以上分析，将需求系统设定如下。

一般线性需求系统：

$$q_c = \lambda_0 + \lambda_1 p_c + \lambda_2 p_j + \lambda_3 income + \lambda_4 d_1 + \lambda_5 d_2 + \lambda_6 d_3 + \zeta \quad (1)$$

$$q_j = \omega_0 \beta_0 + \omega_1 p_c + \omega_2 p_j + \omega_3 income + \omega_4 d_1 + \omega_5 d_2 + \omega_6 d_3 + \xi \quad (2)$$

对数线性需求系统：

$$\ln q_c = \alpha_0 + \eta_{cc}\ln p_c + \eta_{cj}\ln p_j + \alpha \ln income + \theta_1 d_1 + \theta_2 d_2 + \theta_3 d_3 + \tau \quad (3)$$

$$\ln q_j = \beta_0 + \eta_{jc}\ln p_c + \eta_{jj}\ln p_j + \beta \ln income + \gamma_1 d_1 + \gamma_2 d_2 + \gamma_3 d_3 + \mu \quad (4)$$

其中，q_c、p_c 和 q_j、p_j 分别为碳酸饮料和果汁的需求量、价格，$income$ 为居民人均可支配收入，d_1、d_2、d_3 分别为表示第一、第二、第三季度的虚拟变量，ζ、ξ、τ 和 μ 为误差项。

7.4.2 数据

本章估计需求系统所采用的数据主要来源于中国产业分析平台、WTA 数据库和 CEIC 数据库，以及《中国经济景气月报》。

假设碳酸饮料和果汁的产销率与软饮料行业总体的产销率相同，用碳酸饮料和果汁的季度产量乘以软饮料行业的季度产销率，得到碳酸饮料和果汁的季度销量。由于软饮料的销量中包含出口部分，而国内软饮料的消费量中包含进口部分，为了估计国内碳酸饮料和果汁的需求函数，我们分别从碳酸饮料和果汁的销量中扣除了相应的净出口部分，得到碳酸饮料和果汁的国内需求量。

获得的软饮料产量和销售收入数据的统计口径是规模以上工业企业。企业构成每年都在变化，2004 年经济普查后，规模以上软饮料企业的构成发生了较大变化。为了使前后数据具有可比性，首先，我们对 2003 年、2004 年的数据进行了调整。[①] 其次，2007 年销售收入数据只有 2 月、5 月、8 月和 11 月的累计值，在换算为季度数据时，我们首先用 2007 年 2 月（5 月、8 月、11 月）累计销售收入除以 2003 年 2 月（5 月、8 月、11 月）至 2006 年 2 月（5 月、8 月、11 月）累计销售收入占 3 月（6 月、9 月、12 月）累计销售收入的平均比重，得到 2007 年 3 月（6 月、9 月、12 月）累计销售收入，从而计算相邻两个季度最后 1 个月的累计销售收入之差，得到 2007 年第二、第三、第四季度的销售收入。再次，我们从销售收入中扣除碳酸饮料和果汁每季度的净出口额，得到它们的国内销售额。最后，用软饮料工业的 PPI 对国内销售额进行平减，得到碳酸饮料和果汁的销售额。

表 7-2　数据描述

变量	统计量				
	变量名	单位	最大值	最小值	均值
碳酸饮料销量	q_c	吨	3572540	1052422	2010490
果汁销量	q_j	吨	2734415	504477	1510553
碳酸饮料价格	p_c	元/吨	5355.77	2491.30	3679.21
果汁价格	p_j	元/吨	5182.66	1806.60	3175.84
居民可支配收入	income	元	29402.31	13423.98	20959.10

资料来源：笔者整理所得。

用碳酸饮料和果汁的销售额除以相应的需求量，得到碳酸饮料和果汁的平均价格。

---

① 由于 2004 年的样本与 2003 年的样本相比变化较大，碳酸饮料、果汁的销售收入变化较大，而产量变化不大，进而使得它们的价格变化较大。为此，我们根据 2005 年的销售收入及其同比增长率数据，计算出 2004 年的销售收入；然后，结合 2004 年的同比增长率数据，计算出 2003 年的销售收入。销售收入及其同比增长率数据来源于《中国饮料行业分析报告》（2004 年第四季度、2005 年第四季度）。

我们首先分别用城市居民人均可支配收入和农村居民人均现金收入的季度数据乘以相应的年均人口数据，并将它们加总，得到季度的居民可支配收入。然后，用 CPI 对居民可支配收入进行平减，得到居民可支配收入。

7.4.3 估计结果

利用上述数据对（1）式至（2）式分别进行估计，估计结果如表 7-3 所示。

表 7-3 需求系统的估计结果

变量	线性需求系统		变量	不变弹性需求系统	
	q_c	q_j		$\ln q_c$	$\ln q_j$
p_c	−209.93***	50.48	$\ln p_c$	−0.4699***	0.4256**
	（−3.59）	（0.55）		（−4.24）	（2.60）
p_j	263.29***	−12.95	$\ln p_j$	0.3182***	−0.5283***
	（5.67）	（−0.18）		（4.14）	（−4.66）
$income$	144.87***	173.25***	$\ln income$	1.3783***	2.1914***
	（14.29）	（10.90）		（12.84）	（13.85）
d_1	543489.40***	−71244	d_1	0.2956***	−0.0968
	（7.11）	（−0.59）		（7.42）	（−1.65）
d_2	1533091.90***	1232068.02***	d_2	0.7728***	0.7563***
	（13.11）	（6.72）		（12.91）	（8.57）
d_3	1704897.80***	968138.00***	d_3	0.7912***	0.5797***
	（18.59）	（6.73）		（16.97）	（8.43）
常数项	−2035065.20***	−2797515.90***	常数项	1.6211	−7.1941***
	（−5.43）	（−4.76）		（1.05）	（−3.15）
样本量	20	20	样本量	20	20
调整 R^2	0.9577	0.9247	调整 R^2	0.9510	0.9670
F 统计量	72.71	39.88	F 统计量	62.43	93.74
DW 值	2.31	1.70	DW 值	1.93	1.68

注：括号内数字为 t 统计量，"***"表示 1% 的显著水平，"**"表示 5% 的显著水平。

资料来源：本研究模型的估计结果。

在线性需求系统下，利用表 7-3 中的相应数据，以及 2007 年四个季度的碳酸饮料和果汁的需求量和价格数据，得到碳酸饮料的四个季度自价格弹性分别为 -0.3135、-0.3454、-0.1991 和 -0.4645，果汁的四个季度自价格弹性分别为 -0.0152、-0.0161、-0.0140 和 -0.0142。碳酸饮料需求量对果汁价格的四个季度交叉价格弹性分别为 0.2402、0.3226、0.2178 和 0.4161，果汁需求量对碳酸饮料价格的四个季度交叉价格弹性分别为 0.0967、0.0843、0.0626 和 -0.0142。

在反垄断执法实践中，一般用上一年度的数据进行经济分析，而我们估计的是季度需求系统，因此，我们需要将季度需求弹性转换为年度需求弹性。这里将季度需求弹性的算术平均值视为年度需求弹性。取上述季度自价格弹性和交叉价格弹性的平均值，得到在线性需求系统下，碳酸饮料和果汁的年度自价格弹性分别为 -0.3306 和 -0.0149；碳酸饮料需求量对果汁价格的年度交叉弹性为 0.2992，果汁需求量对碳酸饮料价格的年度交叉弹性为 0.0802。

在不变弹性需求系统下，直接得到碳酸饮料和果汁的自价格弹性分别为 -0.4699 和 -0.5283。碳酸饮料需求量对果汁价格的交叉价格弹性为 0.3182，而果汁需求量对碳酸饮料价格的交叉价格弹性为 0.4256。

7.5   相关市场界定

由于本案具备从定量角度界定相关市场的条件，理论上没有必要再从定性角度来界定相关市场。但是，为了更好地介绍在具体案例中界定相关市场的流程，下面分别从定性和定量两种角度来界定本案的相关市场。

在实际操作中，通常只需要选定一种相关市场界定方法，然后将案件中的相关数据代入前文给出的相应的相关市场条件，便可界定出相关市场。为了考察常用方法在本案中的具体联系，下面将采用多种常用方法来界定本案的相关市场。

7.5.1 相关产品市场

7.5.1.1 替代性分析

《相关市场指南》规定，相关市场范围主要取决于产品（地域）的可替代程度。在市场竞争中对经营者行为构成直接和有效竞争约束的，是市场里存在需求者认为具有较强替代关系的产品，或能够提供这些产品的地域，因此，界定相关市场主要从需求者角度进行需求替代分析。当供给替代对经营者行为产生的竞争约束类似于需求替代时，也应考虑供给替代分析。下面将分别从需求替代和供给替代角度来界定本案的相关产品市场。

7.5.1.1.1 需求替代分析

《相关市场指南》规定，需求替代是根据需求者对产品功能用途的需求程度、质量的认可程度、价格的接受程度以及获取的难易程度等因素，从需求者的角度确定不同产品之间的替代程度。原则上，从需求者角度来看，产品之间的替代程度越高，竞争关系就越强，就越有可能属于同一个相关市场。

在本案中，从功能替代性角度看，作为非酒精饮料，碳酸饮料、果汁、饮用水、蛋白质饮料、茶饮料及固体饮料，在一定程度上都可以满足消费者补充水分、矿物质和维生素的需要。也就是说，它们在功能上是可以相互替代的。从产品特征上看，除固体饮料外，其他饮料一般都是即开即饮的，与其他软饮料的差别较大，所以它们之间的替代性要大于它们与固体饮料之间的替代性。

从价格水平看，2003~2007年碳酸饮料的平均价格（3679.21元/吨）一直高于果汁的平均价格（3175.84元/吨），并且二者的相关系数较小，水平值的相关系数仅有 0.05，而取对数后的价格相关系数也不足 0.14。

上述实证结果也表明，碳酸饮料和果汁之间具有一定的替代性，但替代程度有限。两种需求系统下，最大的交叉弹性也只有 0.43，也就是说，当碳酸饮料的价格上涨时，只有少数的碳酸饮料消费者将会转而消费果汁；同样，当果汁的价格上涨时，从果汁转移到碳酸饮料的消费者也非常有限。因此，可以初步判断碳酸饮料和果汁将分处两个相关市场。

7.5.1.1.2　供给替代分析

《相关市场指南》规定，供给替代是根据其他经营者改造生产设施的投入、承担的风险、进入目标市场的时间（一般为一年）等因素，从经营者的角度确定不同产品之间的替代程度。原则上，其他经营者生产设施改造的投入越少，承担的额外风险越小，提供紧密替代产品越迅速，则供给替代程度就越高。

在本案中，虽然碳酸饮料和果汁产品同属于软饮料行业，但是它们的生产设备和生产流程差别较大。一般来说，生产碳酸饮料（果汁产品）的企业在短时间（一年）内很难转而生产果汁（碳酸饮料）。另外，软饮料行业的品牌效应较大。即使某碳酸饮料（果汁）企业从资金和技术上可以在短时间内成功提供果汁（碳酸饮料），供给替代品也无法有效约束原产品企业的涨价行为，因为品牌效应的存在使得供给替代品很难在短时间内被消费者认可。也就是说，短时间内供给替代品对原产品的替代程度有限。

一家新建立的企业或一家非软饮料行业的企业如果准备进入软饮料行业，那么除了受到资金、技术和品牌效应的约束外，还要花费大量的时间来铺设自己的销售渠道。因此，它们更不可能在短时间内对垄断行为产生有效约束。

综合以上分析，我们认为碳酸饮料和果汁分处两个相关产品市场。

7.5.1.2　假定垄断者测试

采取假定垄断者测试来界定相关市场，遇到的首要问题是如何选择起点。依据《相关市场指南》，假定垄断者测试应从"反垄断审查关注的经营者提供的商品（目标商品）"开始。在本案中，一方面，可口可乐和汇源的重合业务包括果汁，它们并购后可能会损害果汁市场的竞争；另一方面，由于可口可乐在碳酸饮料市场上拥有市场支配地位[①]，集中实施后，可口可乐可能将其在碳酸饮料市场上的支配力传导到果汁市场。这样，碳酸饮料和果汁均是相关市场界定的关注点。理论上，如果相关产品之间的替代是非对称的，那么不同的起点选择可能界定出不同的相关市场。因此，为了准确界定相关市场，下面将分别以碳酸饮料和果汁为起点进行假定垄断者测试。

7.5.1.2.1　以碳酸饮料为起点

根据我们搜集整理的数据，2007 年碳酸饮料的销量和平均价格分别为 1039.6 万吨和 3768.02 元/吨。由于在反垄断实践中，一般很难获得假定垄断者的边际成本，所以在计算毛利润率时，通常采用公式 $m = (pq-cq)/pq = (R-C)/R$ 来近似计算，其中 R、C 分别为销售收入和可变生产成本。利用 2007 年碳酸饮料的平均销售收入和成本数据，我们近似得到碳酸饮料的毛利润率为 0.3。根据上述需求系统的估计结果，得到碳酸饮料的边际价格销量（即 α_1）为 209.93，两种需求系统下的自价格弹性分别为 -0.3306 和 -0.4699。另外，在反垄断实践中，价格增长率一般取 5%~10%，这里取 5% 和 10% 两种情景。

[①] 《反垄断法》规定，如果单个企业的市场份额超过 50%，那么可推定其具有市场支配地位。根据商务部公布的数据，2008 年可口可乐在中国碳酸饮料市场的份额为 60.6%。

表 7-4　假定垄断者测试的测试结果

需求系统	情形	判断条件	是否构成相关市场	
			$t = 5\%$	$t = 10\%$
线性	"可以获利"情形	$\dfrac{q_1}{p_1} > (t + m_1)\alpha_1$	是	是
	"将会获利"情形	$\dfrac{q_1}{p_1} > (2t + m_1)\alpha_1$	是	是
不变弹性	"可以获利"情形	$\eta_{11} < \dfrac{\ln(t + m_1) - \ln m_1}{\ln(1 + t)}$	是	是
	"将会获利"情形	$1 < \eta_{11} < \dfrac{1 + t}{m_1 + t}$	失效	失效

资料来源：笔者整理所得。

根据前文的研究结论，首先，由于碳酸饮料的自价格弹性的绝对值小于 1，在不变弹性需求系统下，本案无法采用假定垄断者测试"将会获利"版来界定相关市场；其次，比较来看，在线性需求系统下，假定垄断者测试"将会获利"版的相关市场条件最严格，也就是说，如果该条件能满足，那么其他条件一定也能满足。

为了简化计算，首先考察该条件在本案中是否得到满足。将上述数据代入表 7-4 中第二个判断条件，我们发现碳酸饮料的销量价格比（2759）远大于（$2t + m_1$）α_1（83.97 或 104.97），也就是说，该组判断条件均成立。根据相关市场是满足假定垄断者测试的最小市场原则，碳酸饮料市场可以单独构成相关产品市场，这意味着碳酸饮料和果汁分处两个相关产品市场。

由于碳酸饮料市场已经构成相关产品市场，假定垄断者测试结束，也就没有必要考察备选市场上有多种产品的情形。

7.5.1.2.2　以果汁为起点

当备选市场上只有一种产品时，选择不同的起点意味着将不同的数据代入表7-4中的判断条件。采用与上文类似的方法，得到本案果汁产品的相关数据如表7-5所示。

表7-5 以果汁为起点进行假定垄断者测试所需数据

项目	销量 (q_1)	价格 (p_1)	毛利润率 (m_1)	边际销量 (α_1)	自价格弹性 (η_{11})
线性	970.85	2816.28	0.2	12.95	−0.0149
不变弹性	970.85	2816.28	0.2	—	−0.5283

资料来源：笔者计算整理所得。

同样，将数据代入表7-4中第二个判断条件，我们发现，销量价格比（3447.28）远大于（$2t+m_1$）α_1（3.89或5.18），也就是说，如果以果汁为起点来执行假定垄断者测试，该组判断条件也都成立。根据相关市场是满足假定垄断者测试的最小市场原则，果汁市场构成相关产品市场，这也表明碳酸饮料和果汁分处两个相关产品市场。

7.5.1.3 临界分析方法

当备选市场上只有一种产品时，临界损失分析和假定垄断者测试的实质是相同的，而临界损失分析和临界弹性分析则有可能界定出不同的相关市场。另外，当备选市场上只有一种产品时，转移率分析失效。因此，下面主要考察临界损失分析和临界弹性分析在本案中的具体联系。

首先，整理临界损失分析和临界弹性分析各种情形下的相关市场条件。

其次，考察它们在本案中的具体联系。由于两种需求系统下，临界损失分析和假定垄断者测试的相关市场条件是完全相同的，且前文已经验证无论是以碳酸饮料为起点还是以果汁为起点假定垄断者测试的相关市场条件均得到满足，这里只需要考察本案中临界弹性分析的相关市场条件是否得到满足。

在线性需求系统下，临界弹性分析"利润不变"版的相关市场条件与临界损失分析完全相同，无须验证；而由于企业的毛利润率一般小于1，其"利润最大化"版的相关市场条件一般也能满足。

在不变弹性需求系统下，我们分别将碳酸饮料和果汁的相应数据代入临界弹性分析两个情形下的相关市场条件，可以有如下发现。

第一，无论是以碳酸饮料为起点还是以果汁为起点，临界弹性分析的"利润不变"版下的相关市场条件都成立。

第二，由于碳酸饮料和果汁的自价格弹性均小于1，无论是以碳酸饮料为起点还是以果汁为起点，临界弹性分析"利润最大化"版均失效。这一点与假定垄断者测试和临界损失分析相同。

表7-6 临界损失分析和临界弹性分析的相关市场条件

需求系统	情形	判断条件	
		临界损失分析	临界弹性分析
线性	"利润不变"情形	$\dfrac{q_1}{p_1} > (t + m_1)\alpha_1$	$\dfrac{q_1}{p_1} > (t + m_1)\alpha_1$
	"利润最大化"情形	$\dfrac{q_1}{p_1} > (2t + m_1)\alpha_1$	$m_1 < 1$
不变弹性	"利润不变"情形	$\eta_{11} < \dfrac{\ln(t + m_1) - \ln m_1}{\ln(1 + t)}$	$\eta_{11} < \dfrac{1}{t + m_1}$
	"利润最大化"情形	$1 < \eta_{11} < \dfrac{1 + t}{m_1 + t}$	$\eta_{11}\ln[\eta_{11}(1 - m_1)]$ $- (\eta_{11} + 1)\ln(\eta_{11} - 1)$ $+ \ln[\eta_{11}^2 - (1 - m_1)\eta_{11} - 1] > 0$

资料来源：笔者整理所得。

综合以上分析，虽然临界损失分析和临界弹性分析的相关市场条件不同，但是在本案中它们将界定出相同的相关市场，这表明在具体案例中采用不同的相关市场界定方法可能会殊途同归。

7.5.2　相关地域市场

相关产品市场和相关地域市场是相关市场的两个维度。理论上无法分两步来界定相关产品市场和相关地域市场。回想一下，在估计本案的需求系统时我们采用的是全国的销量和价格。也就是说，我们在界定相关产品市场时已经默认相关地域市场为全国，或者假设碳酸饮料和果汁的需求分布在空间上是同质的。但是，在实践中，国际通行做法是首先界定相关产品市场，然后再界定相关地域市场。依据国际惯例，接下来需要界定相关地域市场。

在本案中，我们界定了两个相关产品市场——碳酸饮料市场和果汁市场。因此，下面也需要界定两个相关地域市场，即碳酸饮料的地域市场和果汁的地域市场。

首先，界定碳酸饮料的相关地域市场。众所周知，可口可乐和百事可乐在全国范围内展开竞争。2007 年可口可乐在全国 23 个省区市拥有 28 家装瓶厂，百事可乐在全国 16 个省区市拥有 19 家装瓶厂。[①] 也就是说，虽然碳酸饮料有很高的运输成本，生产商对装瓶厂有区域销售限制，但是在主要的销售区域（比如北京、上海和广州等一线城市）内，两大碳酸饮料供应商存在激烈的竞争。另外，软饮料行业的一大特点是批发商在软饮料销售中起着关键作用。虽然装瓶厂有区域销售限制，但是批发商不存在区域销售限制，这样，如果一个区域的价格出现上涨，批发商在利润的驱动下将会把一个区域的产品转移到另一个区域销售。综合以上分析，我们认为碳酸饮料的区域市场为全国。

其次，界定果汁的相关地域市场。虽然 2007 年汇源在全国也有

---

① 根据 2007 年中国规模以上工业企业数据整理计算所得。这可能与可口可乐和百事可乐公司公布的数据不完全相同。不过，这不影响我们要研究的问题。

19 家关联公司，但是主要集中分布在北方，其中仅北京就有 11 家。而可口可乐基本上是全国布局。鉴于果汁的运输成本也较高，以及汇源没有打开南方市场的事实，我们认为，果汁的区域市场为中国北方。准确地说，中国北方是汇源集团目前主要的供应区域。

上面从定性的角度界定了本案的相关地域市场。如果本案能获得相关产品的区域生产和消费数据，我们还可以采用假定垄断者测试、价格相关性检验等方法从定量的角度来界定本案的相关地域市场。

总的来说，在本案中，碳酸饮料的相关地域市场为全国，而果汁的相关地域市场为汇源集团所在的中国北方地区。商务部将果汁的相关地域市场界定为全国，这与本研究结果不太符合。另外，商务部没有明确指出碳酸饮料也是本案的相关产品市场，自然也就没有界定碳酸饮料的相关地域市场。

7.6　本章小结

本章通过分析备受关注的汇源案，着力回答了以下三个问题。

7.6.1　在具体案例中，界定相关市场的流程

首先，从宏观上判断案件所处的行业，初步确定相关市场的外延，而后分析该行业的竞争状况和经济特征，为后面的相关市场界定作准备；其次，如果案件具备从定量角度界定相关市场的条件，那么在开始界定相关市场之前，需要先估计需求系统，或者通过其他定量方法获取所需的弹性信息；最后，从定性的角度，采用替代性分析方法界定相关市场，也可以从定量的角度（如果条件允许的话），采用假定垄断者测试、临界损失分析和临界弹性分析等方法界定相关市场。

7.6.2　常用界定方法在具体案例中存在何种联系

研究结果表明，一是相关市场界定有殊途同归之妙。在本案中，无论采用假定垄断者测试、临界损失分析和临界弹性分析界定相关市场，都会得到相同的结论——碳酸饮料和果汁分别处于两个相关产品市场。二是理论联系与现实联系可能是不同的。在不变弹性需求系统下，临界损失分析和临界弹性分析的相关市场条件是不同的，但是在本案中，两者得出了相同的结论。

7.6.3　研究表明商务部的相关市场结论基本上是合理的

具体来说，相关产品市场界定的实证结果支持了商务部的结论。同时，在果汁的相关区域市场上，果汁市场为全国市场的结论需要再讨论。

需要注意的是，软饮料行业的产品销售流程并不是企业直接销售产品给消费者，而是存在批发和零售环节，这使得批发价和零售价之间存在一定的差额。在相关市场界定过程中，通常所指的价格是批发价格，而我们通常获得的是零售价格数据。因此，我们要充分认识到，用零售价格代替批发价格进行相关市场界定可能会产生一些问题。

此外，在本案中，假定垄断者测试和临界分析方法只需进行一步就结束了，没有机会考察当备选市场上有多种产品时，如何来界定相关市场，以及此时常用界定方法之间的联系。

第8章　奇虎360诉腾讯公司滥用
市场支配地位案[*]

2013 年 11 月 26 日最高人民法院开庭审理了奇虎 360 上诉腾讯公司滥用市场支配地位案，并以电视和网络直播的方式实时发布审理情况。该案被誉为"中国互联网反垄断第一案"，其审理结果可能会蕴含中国互联网领域反垄断审查的基调，因此备受互联网行业从业人员和反垄断领域专家学者的关注。最高人民法院将该案的争议归纳为 22 个焦点问题，其中 9 个问题①是关于如何界定本案的相关市场的。关于本案争议的焦点根源于即时通信软件、微博和社交网络等涉案的互联网产品的独特性。互联网产品具有哪些技术经济特征呢？这些特征会使现有的相关市场理论失效吗？具体来说，SSNIP 测试这一主流的相关市场界定范式是否可以用来界定 3Q 案的相关市场，如果答案

---

* 本章主要内容发表于《经济与管理研究》2014 年第 11 期。

① 9 个问题：第一，一审法院对本案相关产品市场未作明确界定是否属于案件基本事实认定不清？第二，是否适合运用假定垄断者测试方法界定本案相关产品市场？第三，综合性即时通信服务与文字、音频以及视频等单一即时通信服务是否属于本案同一相关产品市场？第四，移动端即时通信服务是否属于本案相关产品市场？第五，社交网站、微博服务是否属于本案相关产品市场？第六，手机短信、电子邮箱是否属于本案相关产品市场？第七，本案相关产品市场是否应确定为互联网应用平台？第八，本案相关地域市场应界定为中国大陆地区市场还是全球市场？第九，本案的相关市场界定是否可以或者应当考虑本案诉争行为发生之后的相关市场状况及技术发展趋势？

是否定的，那么应该采用何种方法来界定本案的相关市场？

关于互联网行业的相关市场界定问题的文献，主要分为两类：第一类集中研究免费产品对相关市场界定提出的挑战。Evans 指出，如果采用传统方法来界定涉及免费产品的反垄断案件的相关市场可能会犯两种错误。[①] 第二类主要研究双边市场的相关市场界定问题。Emch 和 Thompson[②]、Filistrucchi[③] 和 Evans 和 Noel[④] 在不同的假设条件下，针对不同类型的双边市场，尝试推导出双边市场的临界损失分析的判断条件。此外，Evans[⑤] 指出不同的互联网平台之间可能存在"关注力竞争"（attention rivalry）。也就是说，从用户角度看，互补品之间也可能存在关注力竞争。总的来说，这些文献都在一定程度上指出，现有的相关市场理论并不能直接适用于涉及互联网产品的反垄断案件，分析不够深入也不全面。

本章首先深入分析互联网产品的技术经济特征，接着考察 SSNIP 测试的适用性，最后以 3Q 案为例研究互联网行业反垄断审查中的相关市场界定问题。

8.1 案件简介

2011 年 11 月 15 日北京奇虎科技有限公司（以下简称"奇虎公

---

① Evans, D. S., "Platform Economics: Essays on Multi-Sided Businesses," Chicago: Competition Policy International, 2011.

② Emch, E. and S. T. Thompson, "Market Definition and Market Power in Payment Card Networks," *Review of Network Economics*, 2006, 5 (1), pp. 45-60.

③ Furman, J. et al., Unlocking Digital Competition-Report of the Digital Competition Expert Panel, 2019; Filistrucchi, L., "A SSNIP Test for Two-sided Markets: The Case of Media," http://ssrn.com/abstract=1287442, 2013-03-02.

④ Evans, D. S. and M. D. Noel, "The Analysis of Mergers That Involve Multisided Platform Businesses," *Journal of Competition Law and Economics*, 2008, 4 (3), pp. 663-695.

⑤ Evans, D. S., "Attention Rivalry Among Online Platforms," *Journal of Competition Law and Economics*, 2013, 9 (2), pp. 313-357.

司"）向广东省高级人民法院（以下简称"广东高院"）起诉腾讯
科技（深圳）有限公司（以下简称"腾讯公司"）、深圳市腾讯计
算机系统有限公司（以下简称"腾讯计算机公司"）滥用市场支配
地位,① 具体指控包括：一是限制交易。2010 年 11 月 3 日被告拒绝
向安装有 360 软件的用户提供相关的软件服务；采取技术手段，阻止
安装了 360 浏览器的用户访问 QQ 空间。原告认为，这些行为构成了
限制交易。二是捆绑销售。原告认为，被告将 QQ 软件管家与即时通
信软件相捆绑，以升级 QQ 软件管家的名义安装 QQ 医生，构成捆绑
销售。

　　2012 年 4 月 18 日，此案开庭审理，控辩双方围绕"腾讯 QQ 即
时通信软件所涉及相关市场如何界定""腾讯是否处于市场支配地
位""腾讯是否滥用市场支配地位"等问题"激战"了近 7 个小时。
本文只分析第一个问题，其他问题将另撰文分析。原告认为，相关市
场是中国大陆地区的综合性即时通信软件及服务市场。② 被告认为，
本案的相关产品市场至少包括即时通信软件服务、电子邮箱的即时通
信服务（如 Gmail）、SNS 社交网站的即时通信服务（如开心网）、微
博的即时通信服务（如新浪微博）、其他网页形式的即时通信服务
（如赶集网）、移动即时通信服务（如米聊）。此外，被告还试图将互
联网应用平台界定为本案的相关市场。相关地域市场为全球市场。

---

① "3Q 大战"共引发三起诉讼：腾讯诉奇虎"360 扣扣保镖"不正当竞争案、腾
　讯诉奇虎"360 隐私保护器"不正当竞争案和奇虎诉腾讯滥用市场支配地
　位案。
② 在广东高级人民法院的判决书中，对奇虎公司主张的相关产品市场的表述前后
　不一致。有时候说是"综合性即时通信软件及服务市场"，有时候说是"即时
　通信软件及服务市场"。不知道，这是法院的错误，还是奇虎公司自己的错误。
　根据我们的判断，奇虎公司在起诉书中可能写的是"综合性即时通信软件及服
　务市场"，在论述中可能也提到将相关产品市场界定为"即时通信软件及服务
　市场"也可以接受。

经审理，广东高院认为，即时通信软件及服务与社交网站、微博服务属于同一相关市场的商品集合。相关地域市场为全球市场。2013年3月28日，广东高院宣布判决结果：驳回奇虎公司的全部诉讼请求；奇虎公司支付本案的全部诉讼费用796800元。奇虎公司不服上述判决，已经向最高人民法院提出上诉。目前此案已结。2014年10月16日，最高人民法院驳回奇虎360的上诉，维持原判。

8.2 互联网产品的技术经济特征

虽然互联网产品之间的差别较大，比如即时通信和网络安全可谓是"风马牛不相及"，但是它们却具有许多共同的技术经济特征——免费、网络效应、锁定效应、平台竞争和多归属等。

8.2.1 免费

目前通过免费产品积累用户，而后通过广告和增值服务来实现盈利已经成为互联网行业通行的商业模式。微软提供免费的浏览器，Google提供免费的搜索服务，腾讯提供免费的即时通信服务，新浪提供免费的微博，奇虎公司提供免费的杀毒软件，等等。虽然这些产品都是免费的，但是它们背后的经济学逻辑是不同的。[①] 根据企业收回免费产品成本的方式不同，免费产品主要分为互补配对类产品、体验类产品、多边平台类产品和开源软件类产品。互补配对类产品背后的经济学逻辑非常清晰，即通过免费产品吸引消费者，从互补品的销售中获得利润。而体验类产品主要通过免费的体验品来吸引消费者，然后将一部分体验者转化为正式商品的消费者。体验类产品的成本类似

---

① 黄坤、张昕竹：《可口可乐拟并购汇源案的竞争损害分析》，《中国工业经济》2010年第12期。

于一种广告费用。多边平台类产品一般向一边用户提供免费产品，向另一边或多边用户收费，比如 Google 向搜索用户提供免费的搜索服务，向投放广告的企业收取广告费。对于多边平台类产品而言，免费用户相当于平台企业的资产或者将免费用户的服务成本看作获得广告收入的一种投资。而开源软件类产品在不同的情形下分别与前三种免费产品类似。

8.2.2　网络效应

一种产品或服务（以下统称"产品"）具有网络效应[①]的特征是指产品的消费者（用户）获得的效用随着消费该产品的人数的增加而增加，[②] 也就是说，用户在消费某种产品时获得的效用水平取决于同一网络中的用户数量。比如，电话网络中的用户越多，电话网络对用户的价值越大。从本质上看，网络效应是新增用户对现有用户的影响，主要体现为产品价值的提升、互补品的种类增加、互补品的价格降低。该影响如果不可以通过市场手段内部化，则称为网络外部性。

[①]　20 世纪 90 年代的许多文献中经常采用网络外部性（Network Externality）一词。学者们经常混用网络效应和网络外部性。Liebowitz 和 Margolis（1994）认为，网络外部性和网络效应是有区别的。他们特别指出，网络外部性是一种特殊的网络效应——在均衡的时候，网络参与者之间可以通过交换获得额外收益。简而言之，网络外部性是一种无法通过市场手段将网络效应内部化的一种网络效应。Liebowitz, S. J., Stephen E. Margolis, "Network Externality: An Uncommon Tragedy," *Journal of Economic Perspectives*, 1994, 8 (2), pp. 133-150。

[②]　Katz, M. L., C. Shapiro, "Network Externalities, Competition, and Compatibility," *American Economic Review*, 1985, 75 (3), pp. 424-440; Liebowitz, S. J., Stephen E. Margolis, "Network Externality: An Uncommon Tragedy," *Journal of Economic Perspectives*, 1994, 8 (2), pp. 133-150; Werden, G. J., "Network Effects and Conditions of Entry: Lessons from the Microsoft Case," *Antitrust Law Journal*, 2001, 69 (1), pp. 87-111; Shy, Oz, "A Short Survey of Network Economics," *Review of Industrial Organization*, 2011, 38 (2), pp. 119-149.

如图 8-1 和图 8-2 所示，根据来源不同，网络效应通常分为直接网络效应和间接网络效应。[①] 直接网络效应来源于同一个网络中消费者之间的直接贸易收益。比如，随着电话用户的增加，网络中每个用户都可以享受到与更多的人进行通话的效用。举个例子，假设目前网络中有 10 个用户，用户之间可以进行 90 个通话。[②] 如果增加 1 个用户，用户之间将可以进行 110 个通话。也就是说，增加 1 个用户，使得现有用户可以多呼叫 10 个电话，多接听 10 个电话[③]。这 20 个通话的效用就是新增 1 个用户的直接网络效应。从本质上看，直接网络效应是指新增用户通过提升产品价值，提高现有用户从消费该产品中获得的效用水平。

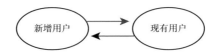

图 8-1　直接网络效应

图 8-2　间接网络效应

---

① 根据网络效应的反馈方向，分为正的网络效应和负的网络效应。根据网络效应是否会导致市场的非效率均衡，也可以分为金钱上的网络效应（Pecuniary Network Effects）和技术上的网络效应（Technological Network Effects）。

② 注意，A 打给 B 和 B 打给 A 是两个通话。$P_{10}^2 = 90$。

③ 新增一个用户后，每个现有用户多一个呼叫对象，同时增加一次被叫机会（假设两个用户之间只能通一次话）。因此，10 个现有用户可以多 10 个呼叫对象，同时增加 10 次被叫机会，总计 20 个通话。

间接网络效应来源于与市场另一边用户贸易机会的增加。[①] 比如，操作系统的用户越多，软件开发者就会开发出更多的基于该操作系统的应用软件，反过来，应用软件越多，用户选择该操作系统的可能性越大。举个例子，假设某操作系统有 100 万个用户，有 1 万个应用软件，如果增加 10 万个用户，可以增加 1000 个应用软件，那么原来的 100 万个用户就可以额外享受到 1000 个应用软件可能带来的好处。从本质上看，间接网络效应是指新增用户通过丰富互补品的种类和（或）降低互补品的价格，提高现有用户从消费该产品中获得的效用水平。

网络效应的存在并不一定会导致垄断的市场结构。即使存在一边倒现象（tipping），出现垄断的市场结构，垄断者也不一定会有反竞争行为，因为它可能面临来自其他平台的竞争或潜在竞争。

8.2.3　锁定效应

由于网络效应的存在，市场出现一边倒现象，最终市场上只有一个网络或一个标准。如果该标准或网络在选择时并不是最优的，偶然的因素使之成为最后的事实标准，那么该标准或网络的用户就被锁定在次优标准或网络上。这就是通常所说的锁定效应。由于网络效应的存在和集体行动的困难，单个消费者很难"逃离"该标准或网络。此时，网络效应是锁定效应存在的前提条件。

另外，学者们在研究耐用品市场问题时也经常使用锁定效应这个概念。一般来说，耐用品的价格比较高，消费者的购买频率比较低。如果在购买耐用品后，发现该耐用品的维修服务或配件比较昂贵，并

---

① Farrell, J., P. Klemperer, "Coordination and Lock-In: Competition with Switching Costs and Network Effects," in Armstrong, M., R. Porter ed., *Handbook of Industrial Organization*, Amsterdam: North Holland, 2007, pp. 1967–2072.

且不能自由更换维修服务商或购买不到其他品牌的配件，[①] 那么该消费者就被锁定在某种耐用品或某个品牌的耐用品上。此时，锁定效应与网络效应无关。用户之所以被锁定是因为转换成本[②]太高，其转换与否完全是个人行为，对其他消费者不会产生影响[③]。

如果一种产品既具有耐用品的特征，又具有网络效应的特征，那么上述两种锁定效应可能都存在。因此，分析该产品市场中的锁定效应问题时要格外谨慎。

从本质上看，锁定效应是转换成本过高的一种表现形式。不管出于何种原因，消费者被锁定意味着其无法转换到其他产品。在现实中，没有替代品的产品是很少的。消费者之所以没有发生转换，无非转换成本太高而已。

8.2.4 平台竞争

平台竞争也称系统竞争。[④] 计算机硬件和软件组成一个平台或系统。操作系统软件和应用软件可以组成一个平台或系统。一个网络应用或产品也可以组成一个系统或平台。比如，即时通信、搜索引擎和

---

① 出现这种情况可能是由于商家在销售时误导消费者或虚假宣传，也可能是由于消费者第一次使用该产品，缺乏相应的知识，对其生命周期的各项支出不太清楚。

② 转换成本主要分为两大类：一是交易成本，包括购买该产品的支出（扣除折旧和转售价格）即沉没成本和购买替代品的支出；二是学习成本。Nilssen, T., "Two Kinds of Consumer Switching Costs," *The RAND Journal of Economics*, 1992, 23（4），pp. 579-589。

③ 如果大量消费者抱怨耐用品供应商的"不厚道"，或者实在忍无可忍，转而购买替代品，那么该供应商的信誉将会受到一定的损害，进而会影响潜在消费者的决策。也就是说，大量消费者的转换行为可能会对潜在消费者的决策产生间接影响，对现有消费者一般不会产生影响。

④ Katz, M. and C. Shapiro, "Further Thoughts on Critical Loss," *Antitrust Source*, 2004（3）.

微博都是常见的平台产品。它们一边连着网民，另一边连着广告商。比如，即时通信、搜索引擎、社交网站、微博、门户网站和电子邮件之间同时在平台两边展开竞争：一边争抢用户，另一边在广告和增值服务市场进行竞争。

一般来说，平台产品都具有网络效应（主要是间接网络效应）。由于网络效应的存在，在某一边或双边具有竞争优势的平台会变得越来越大，而处于劣势的平台会越来越萎缩，最终市场可能只剩下一个网络，即出现一边倒现象。当然，由于技术原因或消费者的异质性，或者市场容量较大，最终也可能形成寡头的市场结构，如即时通信软件市场。

由于网络效应的存在，每个平台的消费者都在一定程度上被锁定在该平台上，这增加了其他平台挖走其他平台用户的难度，换句话说，市场进入壁垒较高。

8.2.5　多归属

日常生活中，为了与不同群体的朋友沟通交流，消费者往往拥有多个即时通信软件账号、微博账号和社交网站账号，甚至同时使用这些产品。比如，网民同时登录 QQ、阿里旺旺和 MSN 等即时通信软件。众多消费者为了参加多家银行的优惠活动，经常持有多家银行的信用卡。为了查询不同的信息，消费者可能同时使用百度和 Google 搜索。Caillaud 和 Jullien[1]、Rochet 和 Tirole[2] 将这些行为称为消费者的多归属。

---

[1] Caillaud, Bernard and Bruno Jullien, "Chicken & Egg: Competition among Intermediation Service Providers," *The RAND Journal of Economics*, 2003, 34 (2), pp. 309-328.

[2] Rochet, J. C. and J. Tirole, "Two-Sided Markets: A Progress Report," *The RAND Journal of Economics*, 2006, 37 (3), pp. 645-667.

用户的多归属会降低转换成本。假设产品 A 和产品 B 是具有紧密替代关系的两种差异化产品，两种产品的用户都具有多归属特征。当产品 A 价格上涨时，部分用户只需停止购买或使用产品 A 即可，几乎不用花费任何成本。由于可以降低转换成本从而提高转移率，用户的多归属特征会在一定程度上约束这类产品提供者的涨价行为，促使企业进行非价格竞争。

用户的多归属特征会弱化竞争，给企业带来无法内化的成本。在多归属情景下，消费者面临的不再是非此即彼的产品选择，也就是说，产品之间不再是存亡之争。一般来说，偏好多归属的消费者很难被转化为某种产品的忠实消费者。因此，用户的多归属特征在某种程度上会降低产品之间的竞争强度。Doganoglu 和 Wright 认为，消费者的多归属并不能很好地替代产品之间的兼容性。[①] 换句话说，与兼容情景相比，为了同时服务不同群体的用户，多归属情境下企业可能要付出额外的、无法内化的成本。

8.3 SSNIP 测试的适用性

SSNIP（Small but Significant and Nontrasitory Increase in Price）测试，是 1982 年美国《横向并购指南》中提出来的一种抽象的、界定相关市场的分析范式，其暗含假设有：产品市场是单边市场、假定垄断者在备选市场外没有产品、备选市场上产品之间是相互替代的。3Q 案中，被告的产品线非常丰富，拥有腾讯 QQ、腾讯微博、QQ 邮箱和 QQ 空间等多款产品，并且这些互联网产品具有免费、网络效应、锁定效应、平台竞争和多归属等特征。另外，3Q 案是一个滥用

---

① Doganoglu, T., Wright, J., "Multihoming and Compatibility," *International Journal of Industrial Organization*, 2006, 24（1），pp. 45-67.

市场支配案件。一般来说，网络效应、锁定效应和多归属等特征主要影响用户的转移率，对相关市场界定的方法选择基本没有影响。因此，下文将从非并购案件、免费产品、双边市场、多产品企业四个方面来分析 SSNIP 测试的适用性。①

8.3.1　假定垄断者测试与非并购案件

对于并购案与非并购案是否应该采用相同的相关市场界定方法和相关市场的判断标准，学术界曾有过激烈的争论。Adelman 认为，市场是一个客观存在的东西，不应该因案件的性质不同而采用不同的方法和判断标准。② Keyes③、Turner④ 和 Posner⑤ 认为，并购案与非并购案的性质不同，不管是否采用相同的界定方法，它们的相关市场判断标准都应该是不同的。White⑥ 认为，并购案与非并购案的性质差别较大，应该建立一套新的专门用于非并购案的相关市场界定范式。Werden⑦、

---

① 一般来说，只要 3Q 案的一个特征使得 SSNIP 测试失效，就足以表明 SSNIP 测试不适用于该案。为了不失一般性，本研究将逐个考察 SSNIP 测试对这些特征的适用性。

② Adelman, M. A., "The Antimerger Act, 1950–1960," *American Economic Review*, 1961, 51 (2), pp. 236–244.

③ Keyes, L. S., "The Bethlehem-Youngstown Case and the Market-Share Criterion," *American Economic Review*, 1961, 51 (4), pp. 643–657.

④ Turner, D. F., "Antitrust Policy and the Cellophane Case," *Harvard Law Review*, 1956, 70 (2), pp. 281–318.

⑤ Posner, R. A., *Antitrust Law: An Economic Perspective*, Chicago: University of Chicago Press, 1976.

⑥ White, L. J., "Market Definition in Monopolization Cases: A Paradigm is Missing," http://lsr.nellco.org/nyu_ lewp/35, 2013–02–06.

⑦ Werden, G. J., "Market Delineation under the Merger Guidelines: Monopoly Cases and Alternative Approaches," *Review of Industrial Organization*, 2000, 16 (2), pp. 211–218.

Baker 和 Bresnahan[1] 认为，在大多数滥用支配地位案中，假定垄断者测试方法仍是适用的。如果违法行为是前向的，即在调查时尚未实施，此时可以用假定垄断者测试来界定相关市场；如果违法行为是后向的，即在调查时已经发生，此时假定垄断者测试将不再适用。所有的反垄断案件，包括并购案与非并购案，都应该适用同一个原则，即不管采用何种方法，最终都要识别出能有效约束所关注企业的全部力量。[2]

目前假定垄断者测试是相对比较成熟的相关市场界定范式，其思想独立于案件的性质，被世界各国的反垄断当局和有关各方普遍认可。欧盟的《关于为欧洲共同体竞争法界定相关市场的通知》、英国的《相关市场界定——理解竞争法》和中国的《关于相关市场界定的指南》中都提到了假定垄断者测试。这些指南都是独立于案件性质的，所以至少这些国家的反垄断当局认为假定垄断者测试可以应用于所有的反垄断案件。

8.3.2　假定垄断者测试与免费产品

由于免费产品的价格为 0，0 乘以任何数都等于 0，表面上看假定垄断者测试无法直接应用于免费产品，实际上，转换一下思路，涉及免费产品的反垄断案件仍然可以采用假定垄断者测试来界定相关市场，具体来说，有如下三种转换思路。

第一种，隐性价格。对于通过广告盈利的平台企业，消费者免费享受平台服务（如即时通信服务）的同时往往受到各类广告的打扰。如果将广告对消费者带来的负面影响看作消费者支付平台服务的价

---

[1]　Baker, J. B. and T. Bresnahan, "Estimating the Residual Demand Curve Facing a Single Firm," *International Journal of Industrial Organization*, 1988 (6), pp. 283-300.

[2]　黄坤：《企业并购审查中的相关市场界定：理论与案例》，社会科学文献出版社，2013。

格，即隐性价格，那么在执行 SSNIP 测试时就可以考察假定垄断者将隐性价格提高 5%～10% 是不是有利可图的。

第二种，影子价格。对于免费产品，企业在不改变商业模式的前提下，可以通过降低产品质量的方式来降低成本。如果将产品质量（即影子价格）的降低看作免费产品价格的变相提高，那么在执行 SSNIP 测试时就可以考察假定垄断者将影子价格提高 5%～10% 是不是有利可图的。

第三种，假定垄断行为测试。假定垄断者测试仅考虑价格这一个指标，对免费产品显得力不从心。如果将假定垄断者测试的思路稍微修改一下，考察假定垄断者实施某种假定的垄断行为是不是有利可图的。将价格以 SSNIP 的方式上涨只是其中一种假定的垄断行为。换句话说，假定垄断者测试是假定行为测试的一个特例，或者说，假定垄断行为测试是假定垄断者测试的一种推广。

从理论上看，采用隐性价格和影子价格执行 SSNIP 测试的思路是可行的。不过，在具体案例中，一般很难获得一种被各相关方都认可的隐性价格或影子价格。假定垄断行为测试的分析思路非常清晰，也是可行的。但是，目前它还缺少类似于临界损失分析的简洁的执行方法。

8.3.3　假定垄断者测试与双边市场

与单边市场不同，双边市场向两组不同的群体提供相同或相异的产品或服务。也就是说，在双边市场上，当备选市场上即使只有一种产品时，假定垄断者也面临多种价格选择：（1）将 A 边的价格提高 5%；（2）将 B 边的价格提高 5%；（3）将两边的价格同时提高 5%；（4）先将 A（B）边的价格提高 5%，然后将 B（A）边的价格提高 5%；（5）将 A 边的价格提高 X%，将 B 边的价格提高 Y%。当备选市场上有两种产品时，假定垄断者将面临更加复杂的选择。另外，双边平台企业不仅面临同类型平台企业的竞争，还面临某一边单边企业的竞争。也就是说，双边市场条件下的替代模式也非常复杂。以搜索引擎平台为例，Google 不仅面临 Bing 的强有力竞争，在广告侧还面临 Facebook 的激烈竞争。此时 Google 的紧密替代者是 Bing，还是 Facebook？这是一个值得研究的问题。此外，平台两边的群体之间通常是相互影响的，具有正反馈效应或负反馈效应。这意味着假定垄断者的利润函数具有一定的动态性，比单边市场的假定垄断者的利润函数复杂得多。

目前学术界已基本达成共识——假定垄断者测试无法直接应用于双边市场。Emch 和 Thompson[1] 以支付卡市场为例，假设假定垄断者将总体价格（两边的价格之和）以 SNNIP 的方式提高，两边价格通过交换费自由调整，通过该方式将假定垄断者测试应用于双边市场。在假定垄断者仅提供一边产品的假设条件下，Filistrucchi[2] 推导出了双边市场条件下临界损失分析的计算公式。不过，其假设条件比较严格，且与现实不太相符。Evans 和 Noel[3] 在一系列假设条件下，也推导出了双边市场背景下临界损失分析的计算公式。不过，该公式中的损失为绝对损失，而不是通常意义上的相对损失。

综合以上分析，假定垄断者测试不能直接应用于双边市场。目前学者们已经开始探讨如何在双边市场上执行假定垄断者测试。但是至今尚没有一种公认的、相对比较完善的双边市场的相关市场界定方法。

---

[1] Emch, E. and S. T. Thompson, "Market Definition and Market Power in Payment Card Networks," *Review of Network Economics*, 2006, 5 (1), pp. 45-60.

[2] Furman, J. et al., "Unlocking Digital Competition-Report of the Digital Competition Expert Panel," 2019; Filistrucchi, L., "A SSNIP Test for Two-sided Markets: The Case of Media," http://ssrn.com/abstract=1287442, 2013-03-02.

[3] Evans, D. S. and M. D. Noel, "The Analysis of Mergers that Involve Multisided Platform Businesses," *Journal of Competition Law and Economics*, 2008, 4 (3), pp. 663-695.

8.3.4 假定垄断者测试与多产品企业

Kate 和 Niels[1]认为，现实中许多企业都生产多种产品，这与假定垄断者测试暗含的假定垄断者提供的产品都在备选市场内的假设是矛盾的。他们进一步指出，如果备选市场外的产品是备选市场内产品的替代品，那么直接执行假定垄断者测试会界定过宽的相关市场；如果备选市场外的产品与备选市场内的产品之间是互补关系，那么直接执行假定垄断者测试会界定过窄的相关市场。为了解决假定垄断者测试与现实脱节的问题，他们提出了一种新的思路，即将互补品也纳入备选市场，在一系列假设条件下，推导出单一价格上涨和统一价格上涨情景下的新的相关市场判断条件。

实际上，假定垄断者测试本身并没有问题，可以直接应用于多产品企业的情形。只是在实际操作中要格外谨慎。假设市场上有 X 和 Y 两家企业，A 和 B 两种产品，A 和 B 互为替代品，X 企业的品牌为 A1 和 B1，Y 企业的品牌为 A2 和 B2。当备选市场上只有 A 一种产品时，假定垄断者将产品 A 的价格提高 5% 后，实际转移率应该是从产品 A 转到产品 B 的转移率。但是，现实中我们获得的通常是从 A1 到 B1 或 A2 到 B2 的转移率。Kate 和 Niels 指出，如果采用了错误的转移率数据，那么将界定过宽或过窄的相关市场。[2] 为了防止该错误的发生，他们重新计算了临界转移率，而后将新的临界转移率与现实中通常得到的转移率进行比较，最终得到相关市场的判断条件。

---

[1] Kate, A., Niels, G., "The Hypothetical Monopolist in a World of Multi-Product Firms: Should Outside Companions be Included in His Basket?" *Journal of Competition Law and Economics*, 2012, 8 (4), pp. 701-715.

[2] Kate, A., Niels, G., "The Hypothetical Monopolist in a World of Multi-Product Firms: Should Outside Companions be Included in His Basket?" *Journal of Competition Law and Economics*, 2012, 8 (4), pp. 701-715.

总的来说，假定垄断者测试可以直接应用于多产品企业情景，但是要格外谨慎。当然在多产品企业情景下，各相关方也可以采用 Kate 和 Niels 提出的分析思路进行相关市场界定。[①]

8.4 中国互联网行业现状

8.4.1 网民规模和结构特征

根据第 32 次《中国互联网络发展状况统计报告》，截至 2013 年 6 月 30 日，我国网民规模达 5.91 亿，其中农村网民占 27.9%，规模达 1.65 亿。69.5% 的网民通过台式电脑上网，78.5% 的网民通过手机上网。从性别结构看，男女网民的比例为 55.6：44.4。从年龄结构看，40 岁以下的网民占 78.8%，50 岁以上和 10 岁以下的网民只占 8.5%。从学历结构看，高中（包括中专和技校）及以下学历的网民占 79.8%，本科及以上学历的网民占 10.9%，且有下降的趋势。从职业结构看，学生群体占 26.8%，个体户/自由职业者占 17.8%，无业、下岗和失业人员占 11.2%，公司一般职员占 10.6%，其余群体的占比均不足 10%。从收入结构看，月收入在 1000 元以下的网民占 35.9%，月收入在 2001~5000 元的网民占 35.6%，月收入在 5000 元以上的网民占 11.2%。总的来说，学历低、收入低、年龄小的学生群体是我国网民的主力军。

从表 8-1 可以看出，网民的上网时间稳步增长，每周人均上网时间从 2002 年的 8.3 个小时增加到 2012 年的 20.5 个小时。2013 年上半年网民人均每周上网时长达到 21.7 个小时。

---

① Kate, A., Niels, G., "The Hypothetical Monopolist in a World of Multi-Product Firms: Should Outside Companions be Included in His Basket?" *Journal of Competition Law and Economics*, 2012, 8 (4), pp. 701-715.

表 8-1　2002~2013 年中国网民每周人均上网时长

单位：个小时

年份	2002	2004	2006	2008	2009	2010	2011	2012	2013
上网时长	8.3	13.2	16.9	16.8	18.7	18.3	18.7	20.5	21.7

注：2013 年为截至 6 月的数据。

资料来源：笔者根据历次《中国互联网络发展状况统计报告》整理所得。

2009 年新浪微博和 2011 年微信的问世可能是这两年每周人均上网时间快速增加的重要原因。

8.4.2　网民互联网应用状况

从表 8-2 可以看出，第一，网民上网的主要目的是与朋友交流、获取知识和听音乐。近年来，即时通信、搜索引擎、网络新闻和网络音乐一直是网民使用最广泛的应用，使用率均超过 70%。第二，互联网应用的推陈出新速度较快。电子邮件的使用率从 2009 年的 56.8% 快速下降至 2013 年上半年的 41.8%。2010 年微博的使用率仅有 13.8%，2011 年微博的使用率跃升至 48.7%，而后保持平稳增长态势。

表 8-2　2009~2013 年网民使用最广泛的互联网应用

单位：万人，%

应用	2013 年		2012 年		2011 年		2010 年		2009 年	
	网民数	使用率	网民数	使用率	网民数	使用率	网民数	使用率	网民数	使用率
即时通信	49706	84.20	46775	82.90	41510	80.90	35258	77.10	27233	70.90
搜索引擎	47038	79.60	45110	80.00	40740	79.40	37453	81.90	28134	73.30
网络新闻	46092	78.00	39232	73.00	36687	71.50	35304	77.20	30769	80.10
网络音乐	45614	77.20	43586	77.30	38585	75.20	36218	79.20	32074	83.50
博客	40138	68.00	37299	66.10	31864	62.10	29450	64.40	22140	57.70
网络视频	38861	65.80	37183	65.90	32531	63.40	28398	62.10	24044	62.60
网络游戏	34533	58.50	33569	59.50	32428	63.20	30410	66.50	26454	68.90
微博	33077	56.00	30861	54.70	24988	48.70	6311	13.80	—	—

续表

应用	2013 年		2012 年		2011 年		2010 年		2009 年	
	网民数	使用率	网民数	使用率	网民数	使用率	网民数	使用率	网民数	使用率
社交网站	28800	48.80	27505	48.80	24424	47.60	23505	51.40	17587	45.80
网络购物	27091	45.90	24202	42.90	19395	37.80	16051	35.10	10800	28.10
网络文学	24837	42.10	23344	41.40	20268	39.50	19481	42.60	16261	42.30
电子邮件	24665	41.80	25080	44.50	24578	47.90	24969	54.60	21797	56.80

注：2013 年为截至 6 月的数据。

资料来源：笔者根据历次《中国互联网络发展状况统计报告》整理所得。

总的来说，网民常用的互联网应用比较集中。2009 年至 2013 年上半年，即时通信、搜索引擎、网络新闻、网络音乐、博客、网络视频和网络游戏等应用的使用率均超过 50%。从 2011 年开始，即时通信一直雄踞互联网应用的第一位，2013 年上半年其使用率高达 84.2%。

8.5　相关产品市场

8.5.1　涉案产品

涉案产品是指与本案相关的产品。这些产品可能在相关市场之内，也可能在相关市场之外。这取决于相关市场的界定结果。一般来说，涉案产品主要包括涉案企业的主要产品或焦点产品，如 3Q 案中的即时通信软件。从 3Q 案的判决来看，相关市场界定的焦点在于微博和社交网站是否在相关市场之内。因此，下面我们将重点介绍即时通信软件、微博和社交网络这三类产品。

8.5.1.1　即时通信软件及服务

即时通信软件及服务是指互联网上用以进行实时通信的系统服务，允许多人使用并实时传递文字信息、文档、语音及视频等信息流。即时通信软件及服务分为综合性即时通信服务（如 QQ 和 MSN）、跨平台即时通信服务（如飞信）、跨网络即时通信服务（如 Skype）。

艾瑞咨询研究表明，即时通信软件的用户具有青年人多、收入低、学历高等特点。据艾瑞咨询统计，2010 年 50% 即时通信用户介于 18～30 岁，近半数的即时通信用户的月收入在 2000 元以下，大学专科和本科学历的用户约占 3/4。① 目前国内主要的即时通信软件主要有腾讯 QQ、阿里旺旺、飞信、MSN 和 YY/歪歪等，其使用情况如表 8-3 所示。

可以看出，首先，即时通信软件市场存在一家独大的局面。腾讯 QQ 的各项指标都遥遥领先于居第二位的阿里旺旺。其次，第二集团之间的竞争比较激烈。第二、第三、第四名之间的差距较小。近些年，飞信和阿里旺旺分别借助中国移动和阿里集团的雄厚的用户基础和强大的实力迅速扩张。MSN 则逐步走向衰亡。

表 8-3　2010 年中国主要即时通信软件使用情况

单位：%，个亿小时

软件	月均覆盖率	总有效使用时间	总有效运行时间占比	偏好度
腾讯 QQ	96.81	294.40	87.6	72.7
阿里旺旺	32.04	14.76	4.4	7.0
飞信	23.87	8.72	2.6	5.4
MSN	13.51	7.82	2.3	4.7

资料来源：艾瑞咨询。

8.5.1.2　微博

微博是一个基于用户关系的信息分享、传播及获取平台，用户可以通过 WEB、WAP 以及各种客户端组件个人社区，以 140 字左右的文字更新信息，并实现即时分享。根据用户群体的性质不同可以分为

---

① 艾瑞咨询：《2010～2011 年中国即时通讯用户行为研究报告》。

个人微博、企业微博和政务微博等。与本案密切相关的是个人微博。目前尚没有个人微博用户属性的权威分析结果。从大体上看，年轻的白领和在校学生也是微博的主要用户群体。

目前国内主要的微博产品有新浪微博、腾讯微博、搜狐微博、百度微博和网易微博等。根据艾瑞咨询的监测结果，中国主要微博产品的运行数据如表 8-4 所示。

表 8-4　2011 年 7 月至 2012 年 2 月中国主要微博产品的运行情况

微博产品	月均覆盖人数（万人）	月均访问次数（万次）	月均浏览页面数（万页）	月均有效浏览时间（个万小时）
新浪微博	27480.43	189133.25	972725.50	20520.70
腾讯微博	31466.14	65207.00	176638.00	2692.24
搜狐微博	6443.26	9951.38	21114.50	244.37
百度微博	4056.56	8094.25	15693.25	105.47
网易微博	3289.31	4739.38	8745.38	119.95

资料来源：艾瑞咨询的微博监测数据整理所得。

可以看出，第一，腾讯微博用户数最多。依托腾讯 QQ 雄厚的用户基础，腾讯微博的月均覆盖人数位居第一，达到 3.15 亿人，新浪微博月均覆盖人数为 2.75 亿人，仅次于腾讯微博。搜狐微博、百度微博和网易微博则处于第二集团，月均覆盖人数均不足 1 亿人。第二，新浪微博最受欢迎。从月均访问次数、月均浏览页面数和月均有效浏览时间三项最能体现用户实际使用情况的指标看，新浪微博优于腾讯微博。新浪微博的月均访问次数、月均浏览页面数和月均有效浏览时间分别是腾讯微博的 2.9 倍、5.5 倍和 7.6 倍。第三，百度微博、网易微博和搜狐微博的实际使用情况和覆盖人数非常不相称。新浪微博的月均覆盖人数分别是百度微博、网易微博和搜狐微博的 6.77 倍、8.35 倍和 4.26 倍，而新浪微博的月均有效浏览时间分别是百度微博、网易微博和搜狐微博的 194.56 倍、171.08 倍和 83.97 倍。

换句话说，百度微博、网易微博和搜狐微博差距明显。

8.5.1.3　社交网络（SNS）

社交网络（Social Network Service，SNS）是指以"实名交友"为基础，基于用户之间共同的兴趣、爱好、活动等，在网络平台上构建的一种社会关系网络服务，属于社会化媒体中较为主流的一种形式。根据用户使用社交网络的目的，以及各社交网站的定位，艾瑞咨询将社交网络分为休闲娱乐类社交网络（如人人网、开心网）、婚恋交友类社交网络（如世纪佳缘、百合网）、商务交友类社交网络（如优士网、若邻网）和其他社交网络。与本案密切相关的是休闲娱乐类社交网络。

艾瑞咨询监测发现，19~30 岁的白领和大学生（包括本科和专科）是休闲娱乐类社交网络的主要用户群体。2010 年，19~30 岁的用户占社交网络用户的 54.6%。75.8% 的用户具有大学学历（大学本科和大学专科）。用户中白领①和在校学生的比例分别为 67.2% 和21.2%。目前国内主要的社交网络有腾讯空间、人人网、开心 001、腾讯朋友和豆瓣等。根据艾瑞咨询监测，2011 年上半年这些主流社交网络的运行数据如表 8-5 所示。

表 8-5　2011 年 1~6 月主要社交网络运行情况

单位：个万小时，亿人

社交网络	月均浏览时间	月均覆盖人数
腾讯空间	139128.03	3.20
腾讯朋友	15961.58	1.52
人人网	8443.58	1.01
豆瓣	6939.85	0.77
开心 001	937.95	0.41

资料来源：根据艾瑞咨询《2010~2011 年中国社交网络用户行为研究报告》整理所得。

---

①　白领主要指文职/办事人员、技术人员、专业人士、销售人员、教师等企事业单位中从事脑力劳动的人员。

可以看出，第一，腾讯社交网络（包括腾讯空间和腾讯朋友）的月均覆盖人数和月均浏览时间都大幅度领先于其他社交网络。2011年上半年腾讯社交网络的月均覆盖人数和月均浏览时间分别为 4.72 亿人和 15.51 亿小时，分别是第二名人人网的 4.67 倍和 18.37 倍。第二，月均覆盖人数和月均浏览时间不成正比。2011 年上半年，人人网的月均覆盖人数是开心 001 的 2.46 倍，而人人网的月均浏览时间是开心 001 的 9 倍。这表明人人网和开心 001 之间的月均浏览时间差距远比月均覆盖人数差距要大。

8.5.2　假定垄断行为测试

在具体案例中，理论上各相关方应该以被告或并购企业的每一种产品为起点进行相关市场界定。但是，在具体操作过程中，为了节约执法成本和提高执法效率，执法机构通常围绕案件的焦点产品进行相关市场界定。虽然被告腾讯公司的产品线非常长，但是原被告双方和法院都围绕本案的焦点产品——即时通信软件及服务进行相关市场界定。

目前世界各国的反垄断执法机构主要采用假定垄断者测试及其执行方法来界定相关市场。由于即时通信软件及服务是免费的多边平台产品，本案无法直接采用假定垄断者测试来界定相关市场。如前所述，在此情况下，有三种思路来界定案件中涉及的免费产品的相关市场。鉴于本案的隐性价格和影子价格很难确定，下面我们将采用假定垄断行为测试来界定本案的相关市场。假定垄断行为测试与假定垄断者测试的主要的区别在于：前者考察假定垄断者采用某种垄断行为是不是有利可图的；后者考察价格以 SSNIP 方式提高后假定垄断者是否有利可图。

像进行假定垄断者测试一样，采用假定垄断行为测试界定相关市场时，首先要做的是选择恰当的分析起点。鉴于本案中原被告双方基本认可即时通信软件及服务在同一个相关市场内，下面我们将以即时通信软件及服务为起点，考察微博和社交网络是否应该被纳入相关市场。

基于以下理由，我们认为微博和社交网络并不是即时通信软件及服务的紧密替代品，不应该被纳入本案的相关市场。

从产品功能上看，微博是一种自媒体，主要用来发布或传播、获取信息，是一种大众化的舆论平台。社交网络是一张强关系网，主要用于与同学、同事和家人等进行自我展示或者交流沟通。为了方便微博博主与粉丝的交流、社交网络成员之间的沟通，微博和社交网络的供应商陆续突出了具有即时通信功能的客户端。不过，它们只是微博和社交网络的附属功能，目前其功能远逊于 QQ 等成熟的即时通信软件。

从用户规模上看，截至 2013 年 6 月底，即时通信、微博和社交网络的网民规模分别达 4.97 亿、3.31 亿和 2.88 亿。假设微博和社交网络的用户都使用即时通信软件。当即时通信软件市场的假定垄断者采用某种垄断行为（比如类似于被告的"二选一"行为）时，至少有 33.34% 的用户无法转移到微博，至少有 42.05% 的用户无法转移到社交网络。也就是说，从即时通信软件到微博和社交网络的转移率最高分别为 66.66% 和 57.95%。

从用户群体看，即时通信、微博和社交网络的活跃用户群体不同。虽然从总体上看这些网络应用的用户群体主要是年轻的白领和在校学生，但是，其用户群体的特征差异还是非常明显的。即时通信用户比较喜欢聊天，微博用户热衷于传播信息，社交网络用户倾向于在熟人圈内展示自己。在这种情况下，即使即时通信软件市场的假定垄断者采用某种垄断行为，用户通常也不会轻易改变自己的习惯或爱好。换句话说，从即时通信软件到微博和社交网络的转移率应该不会很高。

网络效应和锁定效应的存在大大降低了即时通信用户的转移率。如图 8-3 所示，假设即时通信平台有 A、B、C、F、G、H 六个用户，QQ 平台有 B、F、G、H 四个用户，微博平台有 A、E、D、M、N 五个用户，社交网络平台有 C、L、K、J 四个用户。A、B 和 C 之间是铁三角关系。

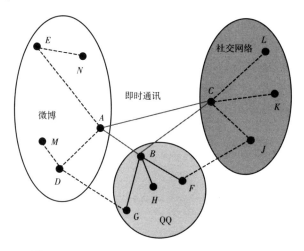

图 8-3　平台产品的网络效应和锁定效应

当即时通信市场的假定垄断者采用某种垄断行为时，A、B、C 觉得忍无可忍，决定转移到其他平台上。除了 B 和 C 外，A 的好友都在微博平台，所以 A 建议转移到微博平台。C 的社交网络好友多于即时通信好友，所以 C 建议转移到社交网络平台。在 A 和 C 各执一词的情况下，再加上 B 的好友都在即时通信平台，B 同时说服 F、G 和 H 同时转向某个平台的难度比较大，此时 B 可能建议大家再忍一忍，暂时不转移到其他平台。

网络平台用户的转移一般表现为暂时停止使用，而不是注销用户。当假定垄断者的垄断行为（一般与价格无关）停止后，可以很快恢复使用。在传统产品市场，价格上涨后就很难降下来，而消费者一旦转移了，一般就不会再回来了。传统市场的转移率一般为永久转移率，而网络行业的转移率通常为暂时转移率。换句话说，网络行业的永久转移率通常较低。

8.5.3 互联网平台是否构成本案的相关市场

腾讯公司认为，即时通信平台、互联网安全平台、搜索平台、新闻门户平台和微博平台等的商业模式雷同——通过广告和增值服务实现盈利。这些平台之间存在竞争关系，所以腾讯公司认为互联网平台可能会构成一个相关市场。广东高院对此未置可否。基于以下理由，我们认为，互联网平台不应该构成本案的相关市场。

从注册用户方面看，网络平台之间不存在竞争关系。目前网络平台的用户注册都是免费的，也不是排他的。现在很多网民都有多个网络平台账号，比如同时拥有 QQ 号码、新浪微博账号、人人网账号和网易邮箱等。另外，一个网民可以在一个网络平台上注册多个账号。比如一个人有多个 QQ 号码、多个免费电子邮箱。

从平台功能方面看，网络平台之间主要是互补关系。即时通信、微博和社交网络可以满足网民不同的互联网需求，它们之间主要是互补关系。这一点可以从大多数网民同时拥有即时通信、微博和社交网络的账号得以证实。如果它们之间是相互替代的，那么网民也就没有必要费心管理这些账号了。

从浏览时间方面看，网络平台之间也不存在竞争。根据中国互联网络信息中心统计，中国网民每周人均上网时长从 2002 年的 8.3 个小时增至 2013 年上半年的 21.7 个小时。即时通信的网民数和使用率分别从 2009 年的 2.72 亿和 70.90% 稳步增至 2013 年上半年的 4.97 亿和 84.2%，也就是说，2009 年微博的推出既没有减少即时通信的网民数，也没有降低即时通信的使用率。

从广告和增值服务方面看，网络平台之间存在一定的竞争关系，但竞争并不激烈。从表面上看，通过广告和增值服务实现盈利的网络平台一方面在"争夺"用户，另一方面在广告和增值业务方面展开竞争。实际上，它们之间的竞争是非常有限的，因为广告商的需求也是多种多样的，对网络平台有不同的需求，比如，奶粉广告放到育儿类网站比较合适，放到中华英才网就不合适。不可否认的是，综合性平台之间的确存在一定程度的竞争，比如新浪、腾讯和搜狐的门户之争。在本案中，即时通信、微博和社交网络的用户有较大差异，所以针对不同群体的广告商之间的竞争是有限的。

8.6 相关地域市场

相关市场一般包括产品和地域两个维度，有时也包括时间维度。理论上，相关产品市场、相关地域市场和相关时间市场是一个紧密的整体，无法分割。但是，在具体实践中，为了方便理解，1982年美国《横向并购指南》中提出假定垄断者测试时，规定先界定相关产品市场，然后再界定相关地域市场。

本案原告认为，相关地域市场为"中国大陆的即时通信软件及服务市场"，被告认为，相关地域市场为全球市场。显然，原告没有搞清楚相关地域市场的含义。原告的表述是相关市场而不是相关地域市场。我们认为，本案的相关地域市场为中国大陆，理由如下。

第一，语言是一种天然屏障。被告的用户主要居住在中国大陆，用户之间使用简体中文进行沟通与交流。如果中国大陆即时通信软件及服务市场的假定垄断者采取某种垄断行为，这些用户肯定不会因为这点小事而移民到国外。由于中国的即时通信用户主要为年轻的白领和在校学生，对英文和繁体中文一般不太熟悉，他们通常也不会转移到专门为英语国家和繁体中文地域设计的即时通信软件及服务。

第二，网络效应和锁定效应的存在使得中国大陆的即时通信用户很难转移到其他国家或地区的即时通信软件及服务。值得注意的是，中国大陆用户选择境外经营者提供的即时通信服务（如 MSN、ICQ 和 Skype 等）的事实只能说明这些产品之间具有替代关系，不能表明中国大陆和境外经营者所在国家或地区之间存在竞争关系。

8.7 本章小结

本章研究表明，互联网产品具有免费、网络效应、锁定效应、平台竞争和多归属等技术经济特征，这使得 SSNIP 测试不能直接应用于涉及互联网产品的反垄断案件。为了解决这个问题，本章提出了一种新的相关市场界定范式——假定垄断行为测试，并将其应用于 3Q 案的相关市场界定。假定垄断行为测试与 SSNIP 测试的唯一区别是考察假定垄断者的某种垄断行为是不是有利可图的。案例研究结果表明，中国大陆的即时通信软件市场可以构成本案的相关市场。被告主张的互联网平台市场并不能构成本案的相关产品市场。

2008 年 8 月 1 日《反垄断法》颁布实施以来，商务部、发改委和工商总局，以及司法部门已经审理了大量反垄断案件。[①] 除了 2013 年 4 月广东高院在 3Q 案和 2013 年 8 月上海高院在锐邦诉强生固定转售价格案等少数案件的判决书中公布了详细的审理信息外，绝大多数案件的审查或审理过程都不透明，公布的资料也非常少。因此，学者

---

① 截至 2013 年 9 月 30 日，商务部反垄断局共审结经营者集中案件 693 件，其中无条件批准 672 件，附加限制条件批准 20 件，禁止经营者集中 1 件。发改委至今并没有公布详细的反垄断审查数据。根据公开信息整理，发改委共审结垄断协议案三星电子案、合生元乳粉案和老凤祥黄金饰品案等 6 件，滥用市场支配地位案茅台五粮液和中国电信中国联通宽带案等 3 件。截至 2013 年 7 月 31 日，工商总局已经对 20 多起垄断协议、滥用市场支配地位案件进行了立案调查，其中 12 起案件已作出处罚决定，各地工商机关依法制止滥用行政权力排除、限制竞争行为案件 30 件。截至 2011 年底，全国地方法院共受理垄断民事一审案件 61 件，审结 53 件。

们很难评估执法机构的执法状况。仅从广东高院在 3Q 案的一审判决书中公布的信息来看，有关部门的执法水平尚有待提高。比如，广东高院在分析"关于（本案）是否可以采用假定垄断者测试分析方法的问题"时，提到"本案依然可以考虑如果被告持久地（假定为 1 年）从零价格到小幅度收费后，是否有证据支撑需求者会转向那些具有紧密替代关系的其他商品，从而将这些商品纳入同一相关商品市场的商品集合"。这显然是对假定垄断者测试的误读，因为从免费到收费不是价格以 SSNIP 方式上涨，而是商业模式的巨大变化。为此，在相关市场界定方面本章提出如下建议。

8.7.1　重视经济学和经济学家的地位和作用

在本案中，各相关方争论的焦点从表面上看是相关市场界定和市场支配地位评估的问题，其本质是经济学问题，因为本案的独特之处在于互联网产品具有免费、网络效应、锁定效应和平台竞争等技术经济特征。因此，要正确界定本案的相关市场并评估腾讯公司是否具有市场支配地位，各相关方首先必须搞清楚免费产品的经济学逻辑，网络效应、锁定效应、平台竞争和多归属等经济学概念的内涵及相关的经济理论。由于学术界对这些经济概念和经济理论并没有统一的认识，有关各方聘请的经济学家各执一词。也就是说，目前关于本案争论的焦点根源于有关经济理论的不成熟和不完善。由此可见，经济学和经济学家在反垄断审查中的重要性。

8.7.2　厘清相关市场界定、市场支配力测度和反竞争效应评估之间的关系

在本案中，原告在上诉到最高人民法院的诉状中声称，广东高院在没有明确界定相关市场的前提下作出被告不具有市场支配地位的结论的做法是错误的。这充分暴露了原告对相关市场界定和市场支配力

测度之间关系的错误认识。在反垄断审查中，执法机构最终的目的是评估涉案企业的某种行为是否具有反竞争效应。目前评估反竞争效应主要有两种思路：一是直接评估（如并购模拟方法和 UPP 方法），二是间接评估。间接评估的前提是评估涉案企业是否有市场支配力，如果答案是肯定的，那么通常认定其行为具有反竞争效应，除非它能提出反驳的证据；如果答案是否定的，则认为其行为不具有反竞争效应。同样，市场支配力测度也有两种思路：一是直接测度（如 Lerner 指数），二是通过市场份额和市场集中度等指标间接测度。计算市场份额的前提是界定相关市场。从以上分析可以看出，相关市场界定并不是市场支配力测度和反竞争效应评估的前置条件。值得注意的是，目前世界各国的反垄断当局主要采用间接思路（即相关市场界定——市场支配力测度——反竞争效应评估）来测度市场支配力和评估反竞争效应。这也就是许多学者认为相关市场界定是反垄断审查的必经之路的原因所在。

8.7.3　适时修订《关于相关市场界定的指南》

随着互联网经济的兴起，再加上互联网行业容易出现一边倒现象的特性，可以预计未来几年互联网行业的反垄断案件将会大幅度增加。如前文所述，目前主流的相关市场界定方法——SSNIP 测试无法直接应用于涉及互联网产品的反垄断案件。为了做到有法可依，有关当局应该适时启动《关于相关市场界定的指南》的修订工作。之所以没有提出"尽快修订"是因为目前有关各方尚没有完全掌握"简单"的 SSNIP 测试。在此背景下，修订《关于相关市场界定的指南》可能会产生适得其反的效果。更重要的是，执法机构应该学会灵活执行 SNNIP 测试，并且在执法过程中敢于创新，如提出假定垄断行为测试的简化执行方法。

第9章 唐山人人公司诉百度公司
滥用市场支配地位案[*]

9.1 案件简介

原告唐山市人人信息服务有限公司（以下简称"唐山人人公司"）是一家从事医药信息咨询服务的公司，从 2008 年 3 月起，原告开始对被告北京百度网讯科技有限公司（以下简称"北京百度公司"）经营的百度搜索进行竞价排名的投入。2008 年 5 月，原告由于公司自身经营需要开始减少投入。2008 年 7 月 10 日，原告发现自己所经营的全民医药网（www. qmyyw. com）的日访问量骤减，以该日为分界点的前后两个月的访问量也出现大幅降低。2008 年 9 月 25 日，原告通过对谷歌搜索和百度搜索收录情况进行查询后发现，谷歌搜索对全民医药网的收录为 6690 页，而百度搜索仅收录了 4 页。原告认为，由于原告于同一时期降低了对百度搜索竞价排名的投入，被告即对全民医药网进行了全面屏蔽，从而导致了全民医药网访问量的大幅度降低。原告认为被告在中国搜索引擎市场上具有市场支配地位，并且有强迫原告进行竞价排名交易的行

---

[*] 本章来源于黄坤的研究生许晓丽的硕士学位论文,成文于2016年。

154

为。综上，根据《反垄断法》的相关规定，请求人民法院判令被告：赔偿原告经济损失 1106000 元，解除对全民医药网的屏蔽并恢复全面收录。①

被告的反驳主要有三点：其一，它所提供的搜索引擎服务是免费的，所以与搜索引擎有关的服务不能构成《反垄断法》所称的相关市场；其二，原告提供的证据不足以证明其在中国搜索引擎市场上拥有市场支配地位；其三，被告确实对原告所拥有的全民医药网采取了减少收录的措施，但实施该措施的原因是原告的网站设置了大量垃圾外链，搜索引擎自动对其进行了作弊处罚，而不是原告所指的对其退出竞价排名行为的"报复"。综上，请求人民法院驳回原告的全部诉讼请求。

2009 年 1 月 6 日，北京市第一中级人民法院（以下简称"北京中院"）受理该案，2009 年 4 月 22 日公开进行了审理。北京中院认为，根据现有证据，原告既未能举证证明被告在"中国搜索引擎服务市场"中占据了支配地位，也未能证明被告存在滥用市场支配地位的行为。相反，被告已经通过证据证明其对全民医药网实施的减少收录数量的措施系对其存在大量"垃圾外链"行为的处罚，被告的行为具有正当性。2009 年 12 月 18 日，北京中院作出一审判决：驳回原告唐山人人公司的全部诉讼请求。

唐山人人公司对一审宣判不服，向北京市高级人民法院提出上诉。2010 年 2 月 21 日，北京市高级人民法院受理此案，2010 年 4 月 14 日对此案进行了审理。北京市高级人民法院认为，原告提供的证据不足，被告实施涉案屏蔽行为具有正当性的，一审判决认定事实清

---

① 后原告又向法院提交对于起诉意见的补充说明称，由于原告现已将全民医药网的域名变更为（www.qmyy.com），原诉讼请求中要求解除对原域名（www.qmyyw.com）的屏蔽已无实际意义，故请求法院判令被告解除对新域名（www.qmyy.com）的屏蔽。

楚，适用法律正确。2010 年 7 月 9 日，北京市高级人民法院作出终审判决：驳回上诉、维持原判。

9.2　相关产品市场

《反垄断法》规定，相关市场是指经营者在一定时期内就特定商品或者服务进行竞争的商品或者服务范围和地域范围。本案中，百度作为一家平台企业具有双边市场的特征。然而本案原告控诉的焦点产品是竞价排名服务，若只考虑控诉产品，其市场并不是双边市场，而是搜索引擎广告市场这一单边市场。

9.2.1　搜索引擎服务市场的 SSNIP 测试

SSNIP 测试中，首先要选择恰当的分析起点。本案中，以百度公司的焦点产品——搜索引擎服务为分析起点，运用 SSNIP 测试界定本案的相关市场。案件发生在 2008 年，故以 2008 年我国搜索引擎市场环境作为假定垄断者的测试背景。另外，本研究在初选假定垄断者时，以市场占有率为依据选取具有代表性的企业。

表 9-1　2007~2010 年主要搜索引擎企业的毛利率

单位：%

企业	2007 年	2008 年	2009 年	2010 年
百度	63.00	63.87	63.66	72.85
Google	59.93	60.44	62.60	64.47
中国雅虎	59.27	58.06	55.55	57.59

资料来源：汤森路透数据库。

根据中国互联网络信息中心的《2008 年中国搜索引擎市场广告主研究报告》，百度、Google 和中国雅虎居搜索引擎广告前三位，为该市场的主要企业，故本研究选择这三家公司平均毛利润数据估算搜索引擎市场的假定垄断者的毛利润率。在反垄断审查中，一般采用案件发生当年或者前一年的数据进行经济学分析。如果案件所处的行业是高度动态性的，通常也会考虑行业的发展趋势。由于唐山人人公司2008 年 3 月开始在北京百度公司参与竞价排名服务，直至 2008 年 12月向北京中院上诉，本研究将案件发生的前一年与后两年均考虑在内，计算假定垄断者的毛利润率，所以选取三家公司数据时间区间为2007～2010 年。

从表 9-1 可以看出，三家公司的毛利润率均无明显波动。其中Google 的毛利润率是该公司总毛利润率，并非只有中国市场，但其毛利润率与百度和中国雅虎相差不大，这进一步说明搜索引擎市场普遍的毛利润率稳定。为此，以三家公司 2007～2010 年平均毛利润率60.71% 为搜索引擎服务市场假定垄断者的毛利润率基准。表 9-1 中北京百度公司 2010 年毛利润率有明显的增长，绝大部分原因是 2010年 3 月 Google 宣布退出中国市场，百度吸收了 Google 在中国部分的利润。这属于重大事件影响，事先无法预料，为了更好地反映市场变化以及重大事件对该市场毛利润率的影响，在假定垄断者毛利润率基准的基础上上下浮动 25%，价格增长率取 5% 和 10% 两种常用情形。根据以下公式计算临界损失：

$$CL = \frac{X}{X + m} \tag{1}$$

其中，$m = (P-c)/P$ 为毛利润率，c 为边际成本，$X = \triangle P/P$为价格增长率。在执法实践中，假定垄断者的边际成本是难以获得的，因此在计算毛利润率的时候通常采用 $m = (PQ-cQ)/PQ = (R-C)/R$ 来近似计算，其中 R、C 分别为销售收入和成本。

计算各种情形下的临界损失如表 9-2 所示。

表 9-2   不同情景下的临界损失（CL）

单位：%

情景	毛利率（m）	X = 5%	X = 10%
下浮 25%	45.53	9.89	18.01
基准情景	60.71	7.61	14.14
上浮 25%	75.89	6.18	11.64

资料来源：笔者据表 9-1 计算所得。

在 SNNIP 测试中，实际损失的计算公式如下：

$$AL = X\eta \tag{2}$$

其中，η 为需求价格弹性。若搜索引擎服务市场构成本案的相关产品市场，那么需求价格弹性满足的条件为 $\eta \leq CL/X$，η 的可能性区间计算结果如表 9-3 所示。

表 9-3   需求价格弹性条件

情景	X = 5%	X = 10%
下浮 25%	(0,1.98)	(0,1.80)
基准情景	(0,1.52)	(0,1.41)
上浮 25%	(0,1.24)	(0,1.16)

资料来源：笔者由表 9-2 计算而得。

根据表 9-3 可知，如果需求价格弹性小于 1.16，那么搜索引擎广告市场构成本案的相关市场；如果需求价格弹性大于 1.98，则需要拓展备选市场为在线广告市场继续进行 SSNIP 测试；如果需求价格弹性介于 1.16～1.98，则进一步弹性的具体情况。

根据第 24 次和第 27 次《中国互联网络发展状况统计报告》，截至 2008 年底，我国拥有网民 2.98 亿，主要用户为年轻人，网络应用具有重叠交互性。因此，对于大部分企业而言，搜索引擎广告与在线广告并无差异。就搜索引擎广告而言，其弹性较大，提价会使大量客户转移至在线广告。

根据艾瑞咨询 2002～2013 年搜索在线广告报告可知，2008 年搜索引擎广告市场占在线广告市场的 29.6%，到 2013 年也只占 31.7%，所以大部分的广告商还是会选择品牌广告进行互联网营销宣传。所以品牌广告在互联网营销中具有绝对的优势。另外，中国互联网络信息中心公布的《2008 年中国搜索引擎市场广告主研究报告》表明，有 37.2% 的企业同时使用搜索引擎和品牌广告进行营销推广，有 11.3% 的广告主只使用搜索引擎进行营销推广。根据 SSNIP 测试，假定搜索引擎提价 5%～10%，以上 37.2% 的广告主很可能转移到品牌广告，可见搜索引擎广告市场的弹性大于 2，不在表 9-3 范围内，所以本案的相关市场并非搜索引擎广告市场。

根据中国互联网络信息中心 2009 年公布的《中国互联网络发展状况统计报告》，我国网民主要是空闲时间较多的年轻人，他们涉及的网络应用也比较广泛。对于广告商而言，并非只有搜索引擎广告这一选择，品牌广告（除搜索引擎外的在线广告）与搜索引擎广告之间具有很大的替代性，所以备选市场应该拓宽为在线广告市场。

9.2.2　在线广告市场的 SSNIP 测试

互联网企业数目庞大难以估计，且大部分依靠广告盈利。根据艾瑞咨询统计，2007～2008 年，百度、新浪、谷歌、搜狐、腾讯、网易六家企业的在线广告市场份额已经接近或者超过 50%，而剩下的成千上万家的以在线广告盈利的互联网企业的市场份额加总才相当于以上六家企业的市场份额。可见该六家公司在在线广告市场具有代表性。SSNIP 测试以这六家企业的毛利润率为基础进行相关市场界定。

同理可知，在线广告市场的需求价格弹性满足条件如表 9-4 所示。

表 9-4 需求价格弹性满足条件

情景	$X = 5\%$	$X = 10\%$
下浮 25%	(0,1.80)	(0,1.65)
基准情景	(0,1.38)	(0,1.29)
上浮 25%	(0,1.12)	(0,1.06)

资料来源：笔者计算而得。

由表 9-4 可知，如果在线广告市场的需求价格弹性小于 1.06，那么本案的相关市场应为在线广告市场；如果弹性大于 1.8，那么需要拓展备选市场为商业广告市场；如果介于两者之间，则进一步讨论。

美国学者克拉克曾经以 10 年为期，研究价格变动对报纸流通效果的影响，发现报纸价格不具有弹性，甚至在订阅费和零售价上涨情况下，报纸发行量仍然增加。同时 1982～1991 年，英国全国性的大报采取了持续涨价的手段，但发行量仍然上升了 14%。美国学者提出杂志的长期价格弹性为 0.52。而本研究考察的在线广告市场，虽然可以提供视频、图片、文字等一系列线下广告的形式，但其弹性亦不会超过杂志的长期价格弹性的两倍 1.04（<1.06），所以根据表 9-4 在线广告市场作为相关市场的满足条件可知，本案的相关市场为在线广告市场。

另外，从需求替代的角度分析，也可以得出相同的结论，理由如下。

第一，在线广告市场与传统广告市场受众群体区别很大。在线广告市场的受众群体主要是 10～39 岁的学生、一般公司职员和党政机关事业单位的工作者。而传统广告市场的受众群体主要为老年人以及边远山区没条件上网的人群。由于受众群体的约束，广告商难以离开在线广告市场而转向传统广告市场。

第二，在线广告曝光时间长、地域广。与报纸、杂志、电视、广播等传统广告不同，只要广告商购买了某网站广告位，无论何时、何地，只要有网络存在的地方，广告都有可能被受众群体接触到，这是传统广告所无法比拟的。报纸、杂志会受到地域的限制，而电视、广播会受到时间的限制，在线广告突破了这些限制，使得广告商不可能从在线广告市场转移到传统广告市场。

第三，在线广告制作周期短、传播速度快。在线广告的形式多种多样，无论何种在线广告形式，其发布过程相较于传统广告时间大大缩短，同时其传播速度也是传统广告无法达到的，广告一经发布，任何有网络的地方都可以看到，而传统的报纸必须经过销售，电视、广播必须到固定时间才可以达到营销目的。另外，这些都为广告商节约了大量的时间，在这个信息化时代，一分钟的时间差都可能使胜利者变成失败者，所以在线广告商不会放弃在线广告市场而转移至传统广告市场。

第四，在线广告可以追踪广告效益。在线广告一般采取以下方式付费：①每次点击付费，②每次行动付费，③每千次印象费，④以实际销售产品数量来换算广告金额。无论何种方式，广告商都清楚地知道最终的购买、注册、点击等行为是其投放广告直接带来的效应，同时广告与购买同时完成，降低运营成本。然而传统广告在信息传送过程是单向的，与受众的反馈是隔离的，不具有双向沟通的功能，不是"交互的媒体"。另外，它具有一定的强制性，用户只能被动地接受。这种特点使得谨慎的广告商不会放弃在线广告市场而选择传统广告市场。

第五，技术角度考虑，无论是时间还是空间，在线广告都有着独特的优势。时间上传统媒体制作周期长、发布时间受限较大，而在线广告制作周期很短、24小时不间断、突破了时间的限制。空间上传统广告的版面受限较大，而在线广告却突破了这一限制。

综上，本案的相关产品市场为在线广告市场。

9.3　相关地域市场

理论上，相关产品市场与相关地域市场是一个整体，应该同时界定。但是，在实践中，为了方便，常常首先界定相关产品市场，然后界定相关地域市场。

本案的相关地域市场是中国大陆，理由如下。

第一，语言和文化习惯是长时间形成的，是一种天然的障碍。被告的搜索用户主要居住在大陆，他们大多以简体中文进行检索，广告商为了最大可能地接触到潜在用户，不会去国外投放广告。另外，广告商大部分是国内企业，所以网站也是简体中文版，即使是外企，其国内公司也会设置中文版，为使得投放广告取得更好的效果，他们首选中文网站投放广告。如果国内某一假定垄断者采取某种行为，无论是搜索用户还是广告商都不会因该行为而移居国外，或者选择其他语言搜索引擎。

第二，一定的锁定效应。广告商在某一搜索引擎投放广告，若放弃该广告市场，也就意味着放弃了已经接触到的该市场面对的潜在消费者，另外，由于信息不对称性，搜索引擎提供商可能采取某种措施限制广告商离开搜索平台，这些构成了广告商的转换成本。高的转换成本使得广告商不会转移到非中文搜索引擎，也不会转移到国外。

综合以上分析，我们认为本案的相关市场为中国大陆的在线广告市场。

9.4　本章小结

在本案中，北京中院对原告相关市场界定予以支持，认为搜索引擎具有快速查找、定位等区别于其他互联网应用的特点，是其他类型的互联网应用服务所无法取代的，所以本案的相关市场是"中国搜索引擎服务市场"。搜索引擎面对的消费者不仅仅是需要获取信息的广大搜索用户，还包括在搜索引擎上投放广告的广告商，若本案考虑的是百度这一搜索平台，它是典型的双边市场。另外，若以本案的焦点产品北京百度公司的竞价排名服务为分析起点与核心，那么搜索引擎广告市场是单边市场，应该以广告商所在市场分析，而非搜索用户市场。

被告认为本案不存在《反垄断法》意义上的相关市场。被告对搜索用户免费，然而在双边市场中的免费并非传统意义上的免费。被告对广告商是收费的，并且其收费程度依赖于搜索用户，就整个搜索平台提供服务而言，并不是免费的。另外，单就搜索用户而言，他们享受免费的搜索服务的同时往往受到各类广告的影响，导致消费者的效用降低，免费和收费最终都会传导至消费者效用这一指标，消费者受各类广告影响而降低的效用值即为其支付给百度搜索平台的费用，从这一角度分析，被告提供的服务也不是免费的。所以，被告的"免费服务不是《反垄断法》约束的范围"这一论述缺乏经济学依据。

第10章 迈向平台经济时代的相关市场界定：反思及展望

10.1 问题的提出

全球新一轮科技革命与产业变革向纵深推进，互联网、大数据、云计算、人工智能、移动互联网等数字技术与实体经济深度融合，在操作系统、搜索引擎、社交网络、即时通信、电子商务、网络视频等众多领域催生出以微软、谷歌、脸书、腾讯、亚马孙、阿里巴巴、今日头条等为代表的影响力遍及互联网乃至全球经济的数字巨头，在数字经济众多细分领域也成长出大量的独角兽企业，而这些数字巨头和独角兽企业无一例外都应用了平台商业模式。以数字技术为依托、数据为关键要素，数字平台以先进的产业组织模式，海量数据等创新资源整合能力，极端的规模经济、范围经济和网络经济效应，以及全球全网通达、超越时空约束的服务范围，显著降低了经济运行的交易成本，提升了资源配置效率，激发出更多的创新，成长出一批经济体量和影响力堪与众多国家比拟的"数字经济体",[①] 在全球范围内掀起

---

① Tirole, J., *Economics for the Common Good*, New Jersey: Princeton University Press, 2017；王磊：《加快推进互联网平台竞争监管现代化》，《宏观经济管理》2020年第 11 期，第 63~71 页。

了平台革命,[①] 业已成为决定 21 世纪全球经济发展的关键性力量,[②] 深刻地改变了经济社会发展的整体面貌，推动着人类由工业社会加快向数字社会演进。

然而，正如硬币有两面。平台企业在释放其革新性效能的同时，在数字技术革命和平台市场独特的竞争性质影响下，垄断高价、排他性交易、扼杀式并购等垄断和资本无序及不正当竞争行为也呈频发高发态势，严重损害了公平竞争市场秩序，侵害消费者和弱势商家的利益，影响社会公平正义，出现了所谓的"大企业诅咒"。[③]

面对数字平台垄断和资本无序扩张问题，包括我国在内的全球主要经济体的竞争监管机构陆续发起了一系列针对数字平台巨头的反垄断调查和诉讼，此外还出现诸多反垄断民事诉讼。例如，欧盟范围内，欧盟委员会对谷歌、亚马孙、苹果、微软、脸书等平台企业的垄断协议、滥用市场支配地位、经营者集中等行为进行了反垄断审查和裁决，同时还有法国 Oxone 诉谷歌等诸多民事反垄断诉讼。美国竞争监管机构也对谷歌、亚马孙、脸书、苹果等平台巨头的商业行为进行了反垄断调查，并发起了针对脸书、谷歌的多起反垄断诉讼。中国竞争执法机构也对阿里巴巴、美团等"二选一"垄断行为进行了正式调查和处罚，并依法对腾讯、阿里巴巴、滴滴、哔哩哔哩等诸多未依法进行经营者集中申报的案件进行了处罚，此外唐山人人诉百度、奇虎 360 诉腾讯等也是重要的反垄断民事案件。综观国内外涉及数字平台的反垄断调查和诉讼，相关市场界定都是各类案件分析和执法起

---

①　Parker, G. G., M. W. Van Alstyne and S. P. Choudary, "Platform Revolution: How Networked Markets are Transforming the Economy and How to Make Them Work for You," New York: W. W. Norton & Company, 2017.

②　Moazed, A. and N. L. Johnson, *Modern Monopolies: What It Takes to Dominate the 21st Century Economy*, New York: St. Martin's Press, 2016.

③　Wu, T., "The Curse of Bigness: Antitrust in the New Gilded Age," New York: Columbia Global Reports (Illustrated edition), 2018.

点，也是各有关方争议的焦点所在。

本书前述章节在梳理相关市场界定方法的基础上，也将这些方法应用于我国相关反垄断案件分析，进行了事后政策评估，得出了诸多有意义的结论。例如，假定垄断者测试（Hypothetical Monopolist Test，HMT，又称"SSNIP测试"）不能直接应用于免费的平台市场和零价格市场，并提出了新的相关市场界定思路——假定垄断行为测试，等等。近年来，平台商业模式席卷全球，推动全球经济社会加速数字化转型的同时，引发诸多垄断问题，使得相关市场界定越来越多地成为全球反垄断学界及相关监管部门关注的热点话题，关于相关市场界定方法及其分析框架的传统智慧也受到了反垄断学者和监管机构更为严格的审视和反思。许多研究者认为，传统的相关市场界定分析方法及分析框架在应用到数字平台企业相关的市场环境中面临诸多挑战，[1] 甚至还有部分学者认为相关市场界定作为反垄断分析的一个环节没有任何意义，甚至起到负面作用，不利于反垄断执法开展，[2] 也有部分研究者认为传统相关市场界定方法及其反垄断分析框架在平台经济反垄断案件分析中仍可以扮演重要角色，仅需根据市场环境做具体调整。[3]

总体来看，学界对平台经济环境下相关市场界定进行了深入探讨，监管部门也积累了比较丰富的平台经济相关市场界定经验。结合

[1] Evans, D. S. and M. D. Noel, "Defining Antitrust Markets When Firms Operate Multi-Sided Platforms," *Columbia Business Law Review*, 2005 (3), pp. 667-702; OECD, "Rethinking Antitrust Tools for Multi-Sided Platforms, Paris: OECD Publication," 2018; Crémer, J., Y. de Montjoye and H. Schweitzer, "Competition Policy for the Digital Era," European Union, 2019.

[2] Kaplow, Louis, "Market Definition Alchemy," *Antitrust Bulliten*, 2012, 57 (4), pp. 915-952.

[3] Hovenkamp, H., "Antitrust and Platform Monopoly," *Yale Law Journal*, 2021 (130), pp. 1952-2273.

学界已有的研究和政策实践，本章拟对平台经济相关市场界定问题进行深入反思和总结，试图把握各方争议的焦点及部分共识，在此基础上展望平台经济反垄断相关市场界定的未来。本章接下来的内容安排如下：首先，明确了平台经济相关市场界定的核心概念与数字平台的主要特征。其次，结合现代反垄断执法的程序特征，反思平台经济相关市场界定的重要性。再次，系统梳理了平台经济相关市场界定的最新进展和探索，探讨平台经济相关市场界定分析争议的焦点及若干共识。最后，展望平台经济相关市场界定未来的方向。

10.2　平台经济相关市场界定的核心概念与数字平台的主要特征

10.2.1　平台经济相关市场界定的核心概念

平台自身的特征是影响相关市场界定的关键因素。界定平台经济相关市场，必须准确理解数字平台的概念及其技术经济特征，其中最重要的是双（多）边市场（two/multi-sided market）和网络外部性两大关键概念。

所谓双边市场，又称"多边平台"（Multi Sided Platform，MSP），是相对传统的单边市场而言的。对于该概念的界定，不同的学者和政府机构出于研究和政策操作需要，各有其认知和理解，以至于迄今为止，各界尚未形成共识。正如 Coyle[①]、Lynskey[②]、

① Coyle, D., "Platform Dominance: The Shortcomings of Antitrust Policy," in Eds. M. Moore and D. Tambini, *Digital Dominance*: *The Power of Google*, *Amazon*, *Facebook and Apple*, Oxford University Press: New York, 2018.

② Lynskey, O., "Regulating Platform Power," *LSE Law*, *Competition Policy International*, 2017, 8（130）, pp. 1–31.

OECD[①]、Katz [②]等所指出的，平台这个概念从未被明确界定，且各方现有的概念界定显得相对较为宽泛。之所以如此，可能有以下几个方面的原因：一是源于平台并不是一种新的商业模式，而是一种早已存在的市场组织方式，如古时的集市、近代的报纸，以及现代的超级市场、信用卡组织、数字平台等。二是从组织形态来讲，平台兼具企业和市场双重特征，是科斯式企业和哈耶克式市场的结合，涉及生产和交换等多个环节。[③] 三是从技术形态来讲，数字化赋能造成平台形态和特征的复杂性、类型的多样性，也影响各界对平台的认识。

追根溯源，最早正式提出双边市场这一概念并进行经济学分析的是诺贝尔经济学奖获得者 Tirole 教授及其合作者。[④] Rochet 和 Tirole 指出，如果在一个平台上实现的交易总量仅仅取决于对买卖双方收取的价格水平的总和，就表示这一平台对价格总量在买卖双方间重新分配不敏感，这种市场就是单边市场；相反，如果价格总量不变，交易总量却随着对买卖双方其中一方收取的价格变动而变动，这种市场就

---

① OECD, " Rethinking Antitrust Tools for Multi-Sided Platforms," Paris： OECD Publication, 2018.

② Katz, M. L. , " Platform Economics and Antitrust Enforcement：A Little Knowledge is a Dangerous Thing," *Journal of Economics & Management Strategy*, 2019, 28 (1), pp. 138-152.

③ Coyle, D. , " Platform Dominance：The Shortcomings of Antitrust Policy," in Eds. M. Moore and D. Tambini, *Digital Dominance：The Power of Google*, *Amazon*, *Facebook and Apple*, Oxford University Press：New York, 2018. Spulber, D. F. , "The Economics of Markets and Platforms," *Journal of Economics & Management Strategy*, 2019, 28 (1), pp. 159- 172.

④ Rochet, J. C. and J. Tirole, " Two-Sided Markets：A Progress Report," *The RAND Journal of Economics*, 2006, 37 (3), pp. 645-667；Rochet, J. C. and J. Tirole, " Platform Competition in Two-Sided Markets," *Journal of the European Economic Association*, 2003, 1 (4), pp. 990-1029.

是双边市场。[1] 可以看到，Rochet 和 Tirole 更多的是从价格结构的角度来界定双边市场。Armstrong 则从交叉网络外部性的角度对 Rochet 和 Tirole 的定义进行了补充。[2] 他认为，双边市场是指通过平台进行直接互动的两组群体之间存在交叉网络外部性。Rochet 和 Tirole[3] 进一步指出（双）多边平台的主要功能是促进两（多）个用户组之间的交互、匹配和交易，通过价格结构设计使交互群体之间出现的网络外部性内生化。此后，Weyl[4]、Evans[5]、Hagiu 和 Wright[6] 等在 Rochet 和 Tirole、Armstrong 等定义的基础上，对双边市场定义进行了进一步梳理，并给出了其对双边市场的理解，但大体上观点都一致。

双边市场/多边平台的定义及功能与网络外部性这一个概念有着密切关系。Katz 和 Shapiro[7]、Farrell 和 Saloner[8] 最早对网络外部性（Network Externalities，又称网络效应，Network Effects）进行了开创性研究。Economides 指出网络外部性包括直接网络外部性和间接网络外部性。他指出，当同一网络中用户数量的增加能够提高每一个用户的消费价

---

① Rochet, J. C. and J. Tirole, "Two-Sided Markets: A Progress Report," *The RAND Journal of Economics*, 2006, 37 (3), pp. 645-667.

② Rochet, J. C. and J. Tirole, "Platform Competition in Two-Sided Markets," *Journal of the European Economic Association*, 2003, 1 (4), pp. 990-1029.

③ Rochet, J. C. and J. Tirole, "Two-Sided Markets: A Progress Report," *The RAND Journal of Economics*, 2006, 37 (3), pp. 645-667.

④ Weyl, E. G., "A Price Theory of Multi-sided Platforms," *The American Economic Review*, 2010, 100 (4), pp. 1642-1672.

⑤ Evans, D. S., "Platform Economics: Essays on Multi-Sided Businesses," Chicago: Competition Policy International, 2011.

⑥ Hagiu, A. and J. Wright, "Multi-sided Platforms," *International Journal of Industrial Organization*, 2015 (43), pp. 162-174.

⑦ Katz, M. L., C. Shapiro, "Network Externalities, Competition, and Compatibility," *American Economic Review*, 1985, 75 (3), pp. 424-440.

⑧ Farrell, J. and G. Saloner, "Standardization, Compatibility, and Innovation," *The RAND Journal of Economics*, 1985, 16 (1), pp. 70-83.

值时，就产生了直接网络外部性，典型的例子是通信网；而在一个由硬件和软件构成的系统中，随着购买兼容硬件的用户数量增加，操作系统与应用软件及应用商店会增加兼容软件供给，导致软件多样化，进而提高所有购买兼容软件用户的消费价值，就产生了间接网络外部性。Parker、Van Alstyne、Choudary 进一步指出，在双边市场/多边平台环境下，直接网络外部性又称单边网络外部性（Same-side Network Externalities），间接网络外部性则称交叉网络外部性（Cross-group Network Externalities）。[①] 前者是指由市场一边的用户影响这边其他用户而产生的网络效应——顾客对其他顾客的效应，以及生产商对其他生产商的效应；后者则是指市场一边的用户影响另一边的用户而产生的网络效应——消费者对生产商的效应以及生产商对消费者的效应。这两种网络外部性并不相斥，在双边市场下，既可以存在直接网络外部性，又可以存在间接网络外部性。但后者的存在对于双边市场至关重要，双边市场是由寻求新的价值来源并通过在平台上增加新的链接、匹配和互动来创造新的间接网络外部性而驱动的，这也是双边市场的特殊性所在。[②]

10.2.2　数字平台的主要特征

数字平台如搜索引擎、社交网络、即时通信等是典型的多边平台，其为存在交叉网络外部性的不同类型的用户群体提供连接、匹配和交易服务，最大限度地减少两个或多个不同用户群体之间的交

① Parker, G.G., M.W. Van Alstyne and S.P. Choudary, "Platform Revolution: How Networked Markets are Transforming the Economy and How to Make Them Work for You," New York: W. W. Norton & Company, 2017.

② Hermalin, Benjamin E. and Katz, Michael L., "What's So Special about Two-Sided Markets?" Economic Theory and Public Policies: Joseph Stiglitz and the Teaching of Economics, Forthcoming, May 1, 2016.

易、协调和搜索成本。Hagiu 和 Wright[1]、OECD [2]等比较赞同 Rochet 和 Tirole[3] 的观点，对于双边市场/多边平台的重要特征和构成要素已基本达成共识：第一个要素是有两个不同的用户群体以某种方式相互需要，并依赖平台来进行中间交易。多边平台同时为多个群体提供商品或服务，有效降低了平台各边用户互动的交易成本，可以协调不同用户群体，使很难或不可能聚在一起不同群体能够有效互动、创造交互价值。第二个要素是跨群体存在交叉网络外部性。这意味着一边用户从平台实现的价值随着另一方用户数量的增加而增加。以搜索引擎为例，如果广告客户更有可能覆盖更多的潜在买家，那么搜索平台对广告客户来说更有价值。同时，如果平台拥有更多的广告商，则对潜在买家更有价值，因为这使得买家更有可能看到相关广告。第三个要素是价格结构的非中立性，即平台的价格结构影响交易水平。价格结构是价格在市场两边的用户之间分配的方式。Rochet 和 Tirole 认为，平台可以通过向市场的一方收取更高的费用并将另一方支付的价格降低相等幅度来影响交易量，解决不同用户群体之间的需求协调问题，将他们纳入平台市场。[4]

综合上述分析，可以将双边市场/多边平台定义为连接拥有多种需求且相互依赖的两个（或更多）不同类型的用户群体，为他们提供互

① Hagiu, A. and J. Wright, "Multi-sided Platforms," *International Journal of Industrial Organization*, 2015 (43), pp. 162-174.

② OECD, "Rethinking Antitrust Tools for Multi-Sided Platforms," Paris: OECD Publication, 2018.

③ Rochet, J. C. and J. Tirole, "Platform Competition in Two-Sided Markets," *Journal of the European Economic Association*, 2003, 1 (4), pp. 990-1029; Rochet, J. C. and J. Tirole, "Two-Sided Markets: A Progress Report," *The RAND Journal of Economics*, 2006, 37 (3), pp. 645-667.

④ Rochet, J. C. and J. Tirole, "Two-Sided Markets: A Progress Report," *The RAND Journal of Economics*, 2006, 37 (3), pp. 645-667.

动机制，满足他们的需求，并将他们之间产生的外部性内部化的市场组织形态。数字经济时代，数字平台是指基于互联网、大数据、云计算、人工智能、移动互联网等数字化技术的新型平台。这意味着数字平台在经济上具有以上三大特征，在技术上还具有数字化驱动的特点。

10.3 各方对相关市场界定分析框架重要性的最新认识

作为现代反垄断法实践的重要组成部分，相关市场界定通常是反垄断案件分析的起点。然而，近些年来随着反垄断直接证据判定的方法的逐步丰富，以及平台经济环境下相关市场界定方法面临的各种限制，反垄断监管部门和学界对相关市场界定分析框架的重要性的认识产生了分歧。总体来看，反垄断监管部门总体上认为相关市场界定仍有存在的必要性，但在实践中需要根据平台经济的相关特征进行调整。相比之下，反垄断学界关于相关市场界定的必要性则存在严重的分歧。本部分将对各方观点进行深入分析。

10.3.1 反垄断监管部门认为相关市场界定环节仍然非常重要

相关市场界定的反垄断理论与实践最早始于 20 世纪 40 年代的美国。在著名的美国政府诉哥伦比亚钢铁公司反垄断案中，反垄断部门首次应用相关市场的分析思路。但在相关市场界定分析思路应用初期，美国监管部门和法院并没有形成共识。直到 1982 年，美国司法部发布《横向并购指南》才正式确定了相关市场界定的规范性程序。此后，相关市场界定是识别企业竞争约束和竞争损害的重要前置条件，成为各国绝大部分反垄断案件的标准程序和重要环节。各国监管部门也在相关规定等文件中明确了相关市场界定的重要性。例如，欧盟的《关于为欧洲共同体竞争法界定相关市场的通告》明确指出，相关市场界定是确认和界定企业间竞争边界的一种工具。它为适应竞争政策提供了一个分析思路。市场界定的目的是以系统的方式识别企业面临的竞争约束，并确定相关企业实际的竞争对手，以便限制相关企业的限制竞争的行为。又如，2010 年美国的《横向并购指南》指出，界定相关市场主要有两个作用：一是有助于确定商业活动和竞争分析的边界；二是有助于执法部门识别市场参与者，评估企业的市场份额，并测算市场集中度。

与欧美等主要经济体反垄断监管部门规定类似，我国监管部门也高度肯定了相关市场界定在反垄断过程中的重要性和必要性。2009年 5 月，国务院反垄断委员会印发的《关于相关市场界定的指南》指出，"任何竞争行为（包括具有或可能具有排除、限制竞争效果的行为）均发生在一定的市场范围内。界定相关市场就是明确经营者竞争的市场范围。在禁止经营者达成垄断协议，禁止经营者滥用市场支配地位，控制具有或者可能具有排除、限制竞争效果的经营者集中等反垄断执法工作中，均可能涉及相关市场的界定问题"。科学合理地界定相关市场，对识别竞争者和潜在竞争者、判定经营者市场份额和市场集中度、认定经营者的市场地位、分析经营者的行为对市场竞争的影响、判断经营者行为是否违法以及在违法情况下需承担的法律责任等关键问题具有重要的作用。因此，相关市场的界定通常是对竞争行为进行分析的起点，是反垄断执法工作的重要步骤。

进入平台经济时代，数字平台独特的网络外部性、定价结构等特征，使得反垄断监管机构对传统的相关市场界定分析框架是否适用于平台市场并承担相应的反垄断分析功能的认识发生了一定的变化，但总体仍认为相关市场界定在反垄断案件分析中仍然非常重要。近年来，欧美地区多个监管机构在其发布的关于数字市场竞争的政策咨询报告及开展的部分反垄断案件中，如英国财政部的《解锁数字市场竞争》、欧盟委员会的《数字时代竞争政策报告》、德国联邦卡特尔局的《数字经济新的竞争框架：提交竞争法 4.0 的报告》、美国众议院司法委员会的《数字化市场竞争调查报告》、美国运通案[①]等，均对数字市场的功能做了深入讨论，普遍认为原来的相关市场界定分析框架不能完全适用，需要考虑平台生态竞争、倾斜式定价、动态创新、赢者通吃等数字市场竞争特点。

在此背景下，部分监管部门也对相关市场界定的功能进行了重新审视。总体来看，相关市场界定仍在平台经济反垄断案件分析中扮演着关键角色。例如，基于《数字时代竞争政策报告》，欧盟委员会于2020 年 6 月至 9 月发起了关于相关市场界定的咨询和评估工作，目的是征求公众对 1997 年的《关于为欧洲共同体竞争法界定相关市场的通告》（以下简称《市场界定通告》，Market Definition Notice）的意见，进而收集相关市场界定功能的有关证据，以便根据 1997 年以来的形势变化评估《市场界定通告》是否仍然适用于反垄断执法。经过咨询评估后发现，《市场界定通告》在反垄断案件涉及的相关市场界定方面仍发挥着有效、全面的指导作用，是反垄断分析的起点，为识别竞争约束和衡量市场支配力提供了重要的参考基点，不过需要进一步吸纳 1997 年以来委员会关于相关市场界定的最佳实践。又如，美国最高法院在美国运通案中重申了相关市场界定的重要性，指出"如果没有对相关市场的准确界定，法院通常不能恰当地适用管辖权规则"。[②]并且认为在相关市场界定及市场支配力评估时，必须将平台市场各边纳入分析，只有在充分考察平台各边之间互动关系、竞争约束及福利效应的基础上，才能判断倾斜式定价是否属于滥用市场支配力的行为。除运通案外，在美欧涉及谷歌、脸书等平台的其他反垄断诉讼和调查

---

① Ohio v. American Express Co., 138 S. Ct. 2274（2018）.

② Ohio v. American Express Co., 138 S. Ct. 2274（2018）.

案件中，相关市场界定都是法院或反垄断机构关注的重点。

我国国务院反垄断委员会 2021 年 1 月发布的《关于平台经济领域的反垄断指南》强调，"调查平台经济领域垄断协议、滥用市场支配地位案件和开展经营者集中反垄断审查，通常需要界定相关市场"。平台经济领域的反垄断应"坚持个案分析原则，不同类型垄断案件对于相关市场界定的实际需求不同"。此外，最高人民法院审判委员会 2017 年 3 月 6 日发布的《指导案例 78 号：北京奇虎科技有限公司诉腾讯科技（深圳）有限公司、深圳市腾讯计算机系统有限公司滥用市场支配地位纠纷案》指出，界定相关市场是评估经营者的市场力量及被诉垄断行为对竞争影响的工具，其本身并非目的；假定垄断者测试则是普遍适用的界定相关市场的分析思路。

10.3.2　理论界对相关市场界定的重要性存在严重分歧

市场支配力（Market Power）及其识别是反垄断案件分析的核心。市场支配力通常被定义为将价格提高到竞争性价格水平之上并从中获利的能力。根据经典的价格理论，在完全竞争市场环境下，企业的定价是其边际成本，故而市场支配力被认为是定价高于边际成本的能力。一般而言，在完全竞争市场上，企业按照边际成本定价，没有市场支配力；相比之下，在不完全竞争市场上，企业通常具有将价格设定在竞争性价格水平之上而不受潜在竞争者的约束，此时推定该企业具有市场支配力。然而，判定企业是否具有市场支配力，需要定性或/和定量证据作支撑。实践中，找到直接证据来判定企业是否具有市场支配力非常困难，因此，通过相关市场界定，测算市场份额进而评估市场支配力的间接方法基本上是各方开展反垄断案件分析的基本框架，相关市场界定成为绝大多数反垄断案件分析的起点。

尽管如此，学者们对相关市场界定的作用以及其与市场支配力的关系还是存在较大的争议。大体分为两派，一派是以 Kaplow 等为代表的学者认为，相关市场界定毫无用处，是完全没有必要的，在识别市场支配力和竞争损害方面不能发挥有效的作用;[1] 另一派是以 Werden 等为代表的绝大部分学者认为，尽管相关市场界定分析方法存在一些限制甚至缺点，但仍然在反垄断分析过程中扮演着十分重要的角色。[2]

　　具体来看，Kaplow 认为，相关市场界定（充其量）是循环论证的，是炼金术，应该放弃市场界定—市场份额—市场支配力的分析框架。他认为，相关市场界定缺乏充足的产业组织经济学理论证据，在反垄断执法上没有任何必要。他还强调，相关市场界定唯一的作用就是计算同质产品市场上各企业的市场份额，但是市场份额这一指标本身只是测度企业市场支配力的"糟糕"指标，难以准确反映市场支配力情况。同时，由于高度依赖特定的市场结构、产品差异化程度、需求函数等假设条件，以及缺乏合理的相关市场界定的最优标准，假设垄断者测试所界定的相关市场通常较为随意，并不能为案件分析和执法提供有效的支撑。此外，他还认为，利用剩余需求曲线来评估市场支配力和识别竞争效应比计算市场份额更为有效。

　　Evans[3]、Werden[4] 等学者认为，Kaplow[5] 对相关市场界定的批评

① Kaplow, Louis, "Market Definition: Impossible and Counter Productive," *Antitrust Law Journal*, 2013, 79 (1), pp. 361-382.

② Werden, G. J., "Why Ever Define Markets? An Answer to Professor Kaplow," *Antitrust Law Journal*, 2012, 78 (3), pp. 729-746.

③ Evans, David S., "Lightening Up on Market Definition," Chapters, in: Einer R. Elhauge (ed.), *Research Handbook on the Economics of Antitrust Law*, Chapter 3, Edward Elgar Publishing, 2012.

④ Werden, G. J., "Why Ever Define Markets? An Answer to Professor Kaplow," *Antitrust Law Journal*, 2012, 78 (3), pp. 729-746.

⑤ Kaplow, Louis, "Market Definition Alchemy," *Antitrust Bulliten*, 2012, 57 (4), pp. 915-952.

是错误的，其论证中的前提假设，即现代反垄断范式中相关市场界定的唯一目的是由市场份额推断市场支配力也是不成立的。他们认为，在认识企业所处市场环境及面临的竞争约束方面，相关市场界定不只是用于测算市场份额和识别市场支配力的一种手段，还可以更好地区分垄断行为与竞争性行为，为理解企业竞争约束和识别竞争损害提供了有力工具，法院和反垄断机构不应放弃这一分析框架。此外，他们也指出，除了在极少数情形如本身违法或直接证据比较明确的部分经营者集中案件中可以不用界定相关市场，在绝大部分案件中，相关市场界定通常都是评估市场支配力和确定商业行为是否具有或将具有反竞争影响的最关键步骤，是反垄断案件分析和执法的基本出发点。

在平台商业模式下，影响平台企业市场支配力及其使用的因素更为多元，如平台类型、平台多边性、网络外部性、倾斜式定价、用户单归属或多归属、动态创新、大数据、算法等，都是决定平台企业商业行为及限制竞争手段成效的重要因素，同时它们也加剧了相关市场界定乃至整个反垄断案件分析的复杂性。学者们认为尽管在平台经济条件下，传统的相关市场界定方法在直接适用上存在困难甚至不可靠，但总体来看，相关市场界定在平台经济反垄断案件分析中都是至关重要的一步。

Carlton 认为，在动态创新或/和双边市场等复杂市场环境下，相关市场界定分析框架尽管比较粗略，但仍然可以发挥重要作用，例如，它可以用来快速排除很多市场份额低、竞争损害小甚至没有的反垄断案件，节约反垄断机构和法院的执法资源。[①] Hovenkamp 等学者认为，在多边平台、零价格服务、生态系统竞争等背景下，相关市场界定分析框架仍然可以结合更加灵活的方式来使用，从而有助于反垄

---

①　Carlton, Dennis, "Market Definition: Use and Abuse," No. 200706, EAG Discussions Papers, Department of Justice, Antitrust Division, 2007.

断机构分析反垄断案件，为把握市场结构特征、竞争行为性质以及竞争损害提供了一个标准化、程序性、规范性的范式。他们强调指出，迄今为止，美国法院还从未在没有首先界定相关市场的情况下判定平台企业是不是垄断企业。[①] 此外，在近年来的美国运通案、欧盟 Google Shopping 案、欧盟 Facebook 并购 WhatsApp 案等一系列反垄断案件中，相关市场界定的重要作用均有明显的体现。

10.4 平台经济相关市场界定方法
理论探索与政策实践

近年来，平台经济反垄断成为全球性现象，相关市场界定作为反垄断案件整体竞争评估和执法的重要部分，也越来越多受到学者们和监管机构的重视。平台独特的经济特征和复杂的竞争模式，显著影响着其案件的相关市场界定、监管决策和执法流程。为推动平台经济反垄断监管，学者们和监管机构主要是从平台经济的关键特征及竞争模式出发，探索平台经济相关市场界定工作。

10.4.1 网络外部性与平台经济相关市场界定：单个市场与多个市场路径

在传统单边市场环境下，相关市场界定通常只用考虑与竞争分析相关的特定区域的单个产品市场，运用传统的假定垄断者测试等手段通常就能较好地界定相关市场。相比之下，在平台经济环境下，网络外部性及其强弱深刻影响着多边平台各边市场主体的竞争行为及其相互依赖程度，扩大了市场互动影响的范围和竞争约束分析的内容，从

---

① Hovenkamp, H., "Antitrust and Platform Monopoly," *Yale Law Journal*, 2021 (130), pp. 1952–2273.

而在很大程度决定了平台经济相关市场界定分析的复杂性。从某种意义上来讲，之所以传统单边市场与平台经济相关市场界定存在较大的不同，关键因素就是交叉网络外部性。受交叉网络外部性作用，平台一边用户的数量、定价、投资、质量等相关决策对另一边用户的行为方式也产生重要影响，这种平台各边用户的互动也影响平台价值的实现。这使得反垄断学者和监管部门在分析平台经济反垄断案件时，首先要研判是否存在交叉网络外部性。一般而言，如果市场主体之间不存在交叉网络外部性，则该市场就是传统的单边市场，按照传统的反垄断相关市场界定分析框架开展分析便可。

但是，如果市场主体之间存在交叉网络外部性，则意味着该市场很可能是双边/多边市场。事实上，在交叉网络外部性驱动下，平台企业作为市场经济参与主体，既可能与市场上同为平台企业的其他经营者在平台各边同时进行竞争，也可能只在平台某一边开展竞争，还有可能进入新市场与其他经营者进行跨界竞争，以及可能与单边企业竞争。正是交叉网络外部性导致了平台竞争方式的多样性和竞争约束的多元性，相比单边企业，平台企业相关市场界定更为复杂。此时，进行相关市场界定研究，需要考虑的问题是要将整个平台市场视为一个整体，界定为单个市场，还是应该将平台某一边或者各边分别界定为相关市场。到底界定多少个相关市场，取决于交叉网络外部性及其相关联的平台功能、商业模式、应用场景、用户群体、多边市场、线下交易等影响需求替代的因素，以及交叉网络外部性及其相关联的市场进入、技术壁垒、锁定效应、转移成本、跨界竞争等影响供给替代的因素。

整体来看，当前，关于平台企业到底界定一个市场还是多个市场，以及在多个市场上，应如何分析和处理它们之间的依赖关系，无论是理论上还是实践上，都没有形成定论和共识。从涉及平台经济的反垄断机构监管决策和法院司法判例来看，结合限制竞争行为、市场竞争特征以及竞争损害因素，监管机构和法院大多是将涉案相关市场界定为平台某一边。例如，在奇虎诉腾讯滥用市场支配地位纠纷案中，最高法院认为，相关市场界定应该考虑多边平台因素，指出判断本案相关商品市场是否应确定为互联网应用平台的关键在于网络平台之间的竞争性质及竞争约束状态，而这最终取决于实证检验。经过深入分析后，最高法院终审判决认为本案相关市场界定阶段互联网平台竞争的特性不是主要考虑因素，最后将相关市场界定为中国大陆地区即时通信服务市场。① 又如，在卡特斯银行卡、万事达卡、维萨卡等欧盟反垄断案件中，欧盟委员会（和欧盟法院）也认为支付平台各边可能是关联但彼此独立的相关市场，还表示支付平台整体本身可能构成单一的相关市场，但在最终判决时，法院根据所识别网络外部性、限制竞争行为及竞争损害等因素，确定了最适合特定案件的相关市场，将相关市场界定为平台一边的发卡市场。② 然而，仍有部分案例将相关市场界定为多个市场或将平台整体界定为统一的相关市场。例如，欧盟谷歌搜索（购物）案中，欧盟委员会认为，从需求替代、竞争手段及竞争约束来看，本案中的相关市场应界定为通用搜索服务市场及购物比较服务市场两个市场。③ 再如，美国运通案中，最高法院认为，不同于传统市场，信用卡网络是一种双边的交易平台，具有交叉网络外部性，当更多的商户接受信用卡时，信用卡就对持卡人更有价值；当更多的持卡人使用信用卡时，信用卡对商户更有价值，并

---

① 《指导案例 78 号：北京奇虎科技有限公司诉腾讯科技（深圳）有限公司、深圳市腾讯计算机系统有限公司滥用市场支配地位纠纷案》，https：//www. court. gov. cn/shenpan-xiangqing-37612. html，2017 年 3 月 6 日。

② Case T-491/07, Groupement des Cartes Bancaires v. European Commission（2007）; Commission Decision COMP/34. 579, Mastercard（2007）; Commission Decision AT. 39. 398, Visa Inter-regional MIFs（2019）.

③ Case AT. 39740 – Google Search（Shopping）（2018/C 9/07）, https：//eur-lex. europa. eu/legal-content/EN/TXT/？ uri=CELEX：52018XC0112（01）.

认为信用卡网络存在明显的间接网络效应及相互关联的定价和需求，促进了平台两边的商户与持卡人之间的"单一、同时的交易"，因此，应将平台各边统一考虑，整体界定为单一的相关市场。[①]

　　理论上，到底应该将平台整体界定为单一市场或相互关联但彼此独立的不同市场，在 OECD 论文集中，Filistrucchi、Wismer 和 Rasek 在交叉网络外部性及平台类型方面进行了讨论。[②] 他们认为，在交易型平台市场上，平台同时向相互关联的各边用户提供可观察的互动和服务，各边用户之间的交叉网络外部性强度往往具有双向性，各边用户通过平台互动不可分割地联系在一起，如网约车平台上的司机和乘客、电商平台上的卖家和买家以及支付卡平台上的商户与持卡人，等等，此时，将平台各边分别界定为单独的多个市场可能是不合适的，应考虑将平台作为整体界定为单一的相关市场。而在诸如广告支持型等非交易平台上，平台各边的用户之间通常缺乏可观察到的同步、直接交易，其交叉网络外部性强度通常具有单向性，平台一边的用户可以在另一边用户缺失的情况下，单独存在，如搜索引擎一边的广告商和互联网浏览者，彼此之间可能并不存在强的交叉网络外部性和强烈依赖关系，此时可能需要将平台各边分别界定为单独的相关市场。

10.4.2　倾斜式定价与相关市场界定：零价格服务的相关市场界定

　　在交叉网络外部性作用下，越来越多的平台企业采取倾斜式定价

---

①　Ohio v. American Express Co., 138 S. Ct. 2274 (2018).

②　OECD, "Rethinking Antitrust Tools for Multi-Sided Platforms," Paris: OECD Publication, 2018; Furman, J., et al., "Unlocking Digital Competition-Report of the Digital Competition Expert Panel," 2019; Filistrucchi, L., "A SSNIP Test for Two-sided Markets: The Case of Media," http://ssrn.com/abstract = 1287442, 2013-03-02.

的价格结构设计，即根据平台各边用户彼此之间的交叉网络外部性强度及需求价格弹性，对需求弹性较低的一边的用户设置高于边际成本的价格，同时对需求弹性较高的一边的用户设置低于边际成本的价格，甚至直接设定为零价。随着数字技术创新加快和智能终端不断普及，越来越多的企业采取平台商业模式，以零价格向某一边的用户提供服务，采取"免费"或零定价策略的平台的数量、种类和受欢迎程度呈爆炸式增长，如浏览器、搜索引擎、开源操作系统、约会软件、社交网络、应用商店、地图软件、网络视频等，部分平台还成为体量堪比国家的"数字经济体"，对一国经济乃至全球经济产生深刻影响。

　　鉴于许多零价格服务的平台对经济社会的重要性不断凸显，全球涉及零价格服务的平台反垄断案件不断增加，基本上，脸书、谷歌、苹果、亚马孙、腾讯、阿里巴巴等众多包括零定价服务在内的平台都经历过或正在面临反垄断调查或诉讼的案件。然而，零价格服务给反垄断相关市场界定、竞争评估及福利分析带来了挑战，特别是增加了平台经济相关市场界定的复杂性。部分面临反垄断诉讼的平台企业甚至辩称，免费或者零价格提供的服务，不能构成反垄断相关市场，如唐山人人公司诉被告北京百度案中，被告认为，其提供的搜索引擎服务对于广大网民来说是免费的，故与搜索引擎有关的服务不能构成《反垄断法》中所定义的相关市场。此外，Kinderstart 诉 Google 滥用市场支配地位案中，[①] 联邦地区法院也得出了类似的结论，即谷歌是免费提供搜索服务的，不可能存在反垄断相关市场，没有相关市场就没有反托拉斯审查的必要了。

　　那么，平台设定零价格的一边或者平台整体是否不能构成反垄断相关市场呢？是否没必要开展反垄断审查呢？如果两个问题的答案是

---

① Kinderstart. com, LLC v. Google, Inc. Case No. C 06-2057 JF (RS) (N. D. Ca., March16, 2007), https：//docs. justia. com/cases/federal/district - courts/california/ candce/5：2006cv02057/178063/83.

肯定的，那么提供"零价格"的搜索服务、社交网络、电子商务或其他服务的平台企业可能永远不会因阻碍竞争而被追究反垄断责任，所以答案都是否定的。而之所以答案是否定，主要原因有：一是零价格或者免费并不意味着平台与没有支付货币价格的用户之间不存在商业交易关系。事实上，用户往往是用自身的数据、隐私和偏好信息、时间、注意力等来交换平台提供的所谓的免费服务，平台企业则能将数据、时间或注意力等流量化和货币化，用于交易来获得收益。简言之，平台提供的零价格服务，并不是服务成本为零、真的免费，而是存在正的影子价格。二是在数学或者定量意义上，零价格让传统的假定垄断者测试和反垄断分析更为复杂，看起来没有办法操作，以至于许多人认为传统的相关市场界定分析框架失效，甚至有少部分人形成错误的认知，认为零价格就不存在相关市场。这些观点忽略了反垄断分析的关键在于识别竞争约束和竞争损害，而相关市场界定则是判定市场参与者规模进而识别竞争约束和竞争损害的基础框架和重要工具，零价格的存在并不妨碍前者发挥作用并合理界定相关市场。从国内外判例来看，在唐山人人诉百度案、奇虎诉腾讯等反垄断案件中，法院都认为，假定垄断者测试是普遍适用的界定相关市场的分析思路，其变通方式仍然适用于零价格市场，而零价格市场可以构成反垄断相关市场。在谷歌搜索（购物）案中，欧盟委员会认为，谷歌提供搜索服务属于一种经济活动，用户与平台之间形成了商业关系，即使服务的用户不提供"金钱报酬"，他们也提供了用于向平台上的其他群体提供广告服务的数据，可以修正 SSNIP 测试，运用基于质量的 SSNDQ 测试或 SSNIC（成本微小但显著的非暂时性增加）来进行相关市场界定。

从反垄断经济学理论视角来观察，免费或零价格商品或服务并不是没有成本的，免费或零价格仅仅意味着竞争性市场或利润最大化企业将价格设定为零，零只是一个数字，这些商品或服务本身仍存在供求关系，需要在市场中交换，因此，反垄断不能简单地将这些免费或零价格服务市场豁免，而是应该进行更加深入、细致的竞争分析。Evans 认为，涉及零定价市场的平台经济相关市场界定，必须确定其竞争约束渠道，研判零价格边与其他边的相互依赖关系及其对市场竞争和福利的总体影响。[①]

总的来说，各方关于平台经济零价格服务的反垄断问题基本形成共识，即零价格服务竞争问题应当纳入反垄断分析和审查，相关市场界定的基础框架足够灵活，可以较好地应用于零价格商品或服务以及涉零价格的平台经济竞争评估。

10.4.3 平台生态系统与相关市场界定：数字集群市场与相关市场分层界定方法

为创造和扩大规模经济、范围经济效应，特别是网络外部性规模，最大限度扩大并获得各边用户互动创造的经济价值，平台企业基于技术、资本、数据、流量、用户群等优势，运用收购、兼并、包络、投资、搭售/捆绑、增量/边际创新、开源/架构控制等竞争策略，不断扩大平台的市场边界，构建以核心平台/服务为主体、众多互补性甚至部分替代性商品/服务为补充的数字生态系统。近年来，以谷歌、苹果、微软、腾讯、阿里巴巴等为代表的数字企业显著的特征就是围绕核心平台/服务构建了以众多产品和服务为补充的大型生态体系。例如，谷歌生态系统包括搜索引擎（Google Search）、浏览器（Chrome）、操作系统（安卓、Chrome OS）、云服务（Google Cloud）、视频流（YouTube）、应用商店（Google Play）、支付（Google Pay）、广告服务（Google AdSense）、地图（Google Maps）、邮件（Gmail）、手机（Pixel）、自动驾驶（Waymo）等众多互补性软件服务和硬件产品。又如，腾讯生态系统则

---

① Evans, D. S., "Platform Economics: Essays on Multi-Sided Businesses," Chicago: Competition Policy International, 2011.

包括社交网络（QQ、微信）、移动支付（财付通）、音乐（腾讯音乐）、浏览器（QQ 浏览器）、视频（腾讯视频）、门户网站（www.qq.com）、云服务（腾讯云）、游戏（腾讯游戏）、在线阅读（微信读书、QQ 阅读、起点中文网）等众多彼此互补性的服务。

　　不同于传统市场上以价格、数量等为主要手段的竞争方式，平台市场上生态系统之间的竞争方式愈发凸显，一些大型数字平台可能作为一个整体在多个领域或市场上与竞争平台或专业化企业展开竞争，有些是与核心商品或服务有关，有些则不然。在激烈的生态系统竞争下，平台企业可以依托范围经济和规模经济以及网络外部性，提升资源配置效率，激发动态创新，降低市场价格，提升服务效能，让平台用户受益。然而对于拥有市场支配地位或谋求垄断的大型数字平台而言，其可能存在潜在的垄断问题。它们可能基于对生态系统中某些特定产品或服务的市场支配力，不断巩固自身市场地位，限制市场竞争，进而确保获得高额垄断利润，损害整个社会福利。

　　关于平台生态系统竞争范式下的垄断问题，传统的反垄断分析方法和监管手段能否较好地应对，特别是相关市场该如何界定，各方仍然在探索中。Crémer、de Montjoye 和 Schweitzer 在 2019 年提交给欧盟委员会的报告中指出，生态系统竞争范式下，可能需要单独分析生态系统，或者将其与特定的市场结合起来进行综合分析。[①] 具体到平台生态系统的相关市场界定，传统的技术性捆绑、一站式商店或集群市场的反垄断案件能提供一定的思路。

　　欧盟 2007 年微软反垄断案中，[②] 被告主张，通过技术性捆绑等其他技术性手段将互补性或独立的产品整合到一起可能创造出一个全新的集成产品（如 Windows Office 套装包括 Excel、Word、Powerpoint

---

① Crémer, J., Y. de Montjoye and H. Schweitzer, "Competition Policy for the Digital Era," European Union, 2019.

② Case T-201/04 Microsoft v. Commission, (2007) ECR Ⅱ-3601.

等）。它有别于各个独立产品，形成了一个新的相关市场。因此本案中，视窗系统与媒体播放器作为互补品，整体上构成了一个新的相关市场。欧盟委员会认为，互补产品可以构成单独的多个相关产品市场，捆绑或技术性整合形成的集成产品也可以构成单一的相关产品市场，并且即便是集成产品，这种整合而成的新产品并不阻碍其构成部分的产品不能被认定为两个独立产品，关键取决于单独产品和集成产品的独特性和替代性以及市场需求性质。如果集成产品面临独特需求的市场主体，满足了单独产品无法有效地满足的市场需求，则其整体构成了一个相关市场。部分平台生态系统往往由许多互补品组成，面临特定市场的用户需求，可借鉴捆绑案件中集成产品相关市场界定的思路来展开分析和判定。在 2018 年谷歌安卓反垄断案中，[①] 被告尽管没有从技术性捆绑角度来论证，但仍认为应用商店与移动操作系统共同构成了单个的移动平台系统、整体构成单一的相关市场。然而，欧盟委员会驳回了这一说法，认为应用商店与移动操作系统满足了不同用户的需求，不是两种应用组合起来满足相同的需求，并且两者都有独立的服务企业，因此，应各自界定相关市场，而不是将整个系统界定为单一市场。

Hovencamp 认为可以从一站式购物服务或集群市场的角度来对平台生态系统进行相关市场界定。[②] 所谓集群市场，是指由非竞争性产品或服务组成的市场，这些产品或服务组合共同满足用户特定的需求，通常具有范围经济效应或网络外部性。例如，超市、社交网络、移动操作系统等平台生态系统往往由多种产品或服务构成，可以视为一个集群市场。事实上，反垄断历史上有许多案例涉及集群市场的相关市场界定。例如，美国"费城国民银行案"中，最高法院裁定，"商业银

---

① Commission Decision AT. 40099, Google Android（2018）C（2018）4761.

② Hovenkamp, H., "Antitrust and Platform Monopoly," *Yale Law Journal*, 2021（130）, pp. 1952-2273.

行"是由各种类型的账户、贷款和其他金融服务组成的集群，这些服务由于联合服务成本优势和面临特定的消费者偏好或相对单一的用途，并且与组成产品的竞争无关，整体构成了一个相关市场。在 2016 年斯台普斯合并案中，[①] 美国地区法院界定了一个集群市场，该市场涵盖了各种各样的非竞争性办公用品组合，随后根据假设的垄断者公式，使用专家证词来评估市场合并后的需求。平台生态系统往往提供众多非竞争性产品或服务，Hovencamp 认为依据部分标准，集群市场的相关市场界定框架适用于平台生态系统，将平台生态系统视为数字集群市场，使相关市场界定、执行能发挥更具针对性的监管作用。

与此同时，平台生态系统不仅与其他生态系统之间进行竞争，在其内部也存在竞争。比如，亚马孙、京东等电商平台生态系统与其他生态系统就广告流量、商户、广告商等展开了激烈的竞争，其内部的自营商户/品牌与第三方商户/品牌也存在竞争，甚至特定商户销售的某种产品与其他可替代的产品也存在竞争。换言之，平台生态系统竞争呈现多层次、立体化的特性。鉴于平台生态系统这种多层次竞争的特性，通常需要分层来界定相关市场，明确具体的竞争约束和有效竞争边界。Neto 和 Lancieri 提供了平台生态系统相关市场分层界定方法。[②] 他们认为，平台生态系统的多层次竞争，意味着可能需要定义多个相关市场，这取决于平台生态系统及系统内部特定的市场边界面临的实际竞争约束和竞争动态。此外，他们还提出了平台生态系统分层界定方法的操作步骤，一是评估平台生态系统的结构和现有的"竞争空间"；二是聚焦受合并影响最大或受到审查行为影响的特定单边市场的竞争空间，界定一个或多个初步的相关市场（通常是单

---

① FTC v. Staples, Inc., 190 F. Supp. 3d 100, 121-122 (D.D.C. 2016).

② Neto C. M. da S. P. and Lancieri, F. M., "Towards a Layered Approach to Relevant Markets in Multi-Sided Transaction Platforms," *Antitrust Law Journal*, 2020, 82 (3), pp. 701-757.

边市场）；三是考虑初步的相关市场可能面临的潜在多边约束，结合平台结构和规则、网络外部性的作用方式及强度，明确界定单边或多边市场，以及包括单一相关市场在内的不同内容；四是完成相关市场界定，确定受调查平台生态系统具体的市场边界。

集成产品、集群市场及市场分层的相关市场界定逻辑和实践可以为平台生态系统市场界定提供探索的指引。但是目前涉及平台经济的反垄断审查或司法判例，尚未就运用上述相关市场界定思路达成共识，也没有形成明确的标准化方法和清晰的分析框架。尽管如此，仍然可以从过去的案例中吸取一些经验和教训，进而为平台生态系统相关市场界定建立逻辑连贯、易于操作的基本框架提供可能。

10.5 结论及展望

自 20 世纪中叶相关市场界定作为识别竞争约束、评估市场支配力并进行竞争效应分析的重要前置环节被纳入反垄断分析和执法框架以来，尽管存在"玻璃纸谬误"（Cellophane Fallacy）、假设前提有悖于现实、定量分析精准性不够等诸多指责和质疑以及要求被废除的提议，相关市场界定仍在反垄断分析中起到了广泛的作用，远远超出了其作为识别被告是否拥有抽象意义上的市场支配力的用途。相反，相关市场界定不仅为确定市场主体特定竞争策略和行为是否具有限制竞争的性质提供了识别方法和判断标准，还为反垄断分析提供了内在的规范性程序，有助于增强分析和执法的透明度，有效约束反垄断部门的自由裁量权，有利于减少对市场竞争过程的不当干预，降低监管成本和犯错误的概率。

平台经济大潮席卷而来，独特的经济特征、市场特性及竞争模式，使得其反垄断相关市场界定分析更加复杂，各方存在较大的分歧。即便如此，从监管部门和学界的讨论来看，相关市场界定分析框架在绝大部分平台经济反垄断案件中仍是必不可少的，分歧的焦点在于界定过程中如何考虑单边市场或多边市场的特征，以及在分析中应使用什么工具。

在某种意义上，平台经济相关市场界定不是一般性的基础理论问题，更多的是具体的实证性政策问题。界定一个市场或是多个市场、零价格市场能否界定以及生态系统该如何处理，本身并不重要，关键在于相关市场界定是否能够逻辑自洽并准确地识别并充分认识到平台市场各边间的依赖关系，为竞争效应和福利分析提供强有力的支撑。因此，在推进平台经济相关市场界定分析过程中，不能简单机械地套用多边市场的理论研究成果，过度强调多边市场和平台竞争的特殊性。须知，任何市场、任何行业都具有特殊性，单纯强调多边市场和平台竞争的特殊性可能会背离反垄断基本理论和政策目标。总体来看，各方对平台经济相关市场界定方法的讨论和实践只是对传统思路的调整，而非颠覆，没有脱离现有的反垄断规则和分析逻辑。事实上，SSNIP 方法的调整和 SSNDQ、SSNIC 等方法的创新，以及数字集群市场概念的出现，并不意味着原来的相关市场界定方法在平台经济领域的反垄断案件中不再适用，恰恰相反，这些调整表明，在平台经济环境下，原来的相关市场界定分析框架仍然具有普适性，需要做的工作就是在现有反垄断理论、规则和分析逻辑下，提出更加系统、具体的分析框架和科学、合理的分析方法。

展望未来，我们需要牢记相关市场界定是反垄断分析的基础思维框架，而不仅仅是机械的方法，是识别竞争约束和衡量市场支配力的重要标准，而不是简单严格的规则，因此，秉持理性的个案分析逻辑，在突破相关市场界定思维和概念困难的同时，从平台经济典型化特征和竞争模式出发，坚持继承和创新并重，不断丰富相关市场界定分析的工具库，综合运用定性和定量分析方法，不断提升平台经济反垄断相关市场界定的科学性、规范性和精准性。

参考文献

Adelman, M. A., "The Antimerger Act, 1950 – 1960," *American Economic Review*, 1961, 51 (2).

Ardeni, P., "Does the Law of One Price Really Hold for Commodity Prices?" *American Journal of Agricultural Economics*, 1989, 71 (3).

Armstrong, M., "Competition in Two-Sided Markets," *The RAND Journal of Economics*, 2006, 37 (3).

Areeda, P. E. and D. F. Turner, *Antitrust Law*, Boston: Little, Brown & Co., 1978.

Ayres, I., "Rationalizing Antitrust Cluster Markets," *Yale Law Journal*, 1985, 95 (1).

Baker, J. B., "Market Definition: An Analytical Overview," *Antitrust Law Journal*, 2007 (74).

Baker, J. B. and T. Bresnahan, "Estimating the Residual Demand Curve Facing a Single Firm," *International Journal of Industrial Organization*, 1988 (6).

Baumann, M. G. and P. E. Godek, "Could and Would Understood: Critical Elasticities and the Merger Guidelines," *Antitrust Bulletin*, 1995, 40 (4).

Bernhard Ganglmair, Luke M. Froeb, Gregory J. Werden, "Patent

Hold-Up and Antitrust: How A Well-Intentioned Rule Could Retard Innovation," *The Journal of Industrial Economics*, 2012, 60 (2).

Blair, R. D. and D. L. Kaserman, *Antitrust Economics* (2th ed.), New York: Oxford University Press, 2009.

Caillaud, Bernard and Bruno Jullien, "Chicken & Egg: Competition among Intermediation Service Providers," *The RAND Journal of Economics*, 2003, 34 (2).

Carlton, Dennis, "Market Definition: Use and Abuse," No. 200706, EAG Discussions Papers, Department of Justice, Antitrust Division, 2007.

Cartwright, P. A., D. R. Kamerschen and Mei-ying Huang, "Price Correlation and Granger Causality Tests for Market Definition," *Review of Industrial Organization*, 1989, 4 (2).

Crémer, J., Y. de Montjoye and H. Schweitzer, "Competition Policy for the Digital Era," European Union, 2019.

Coate, M. B. and J. H. Fischer, "A Practical Guide to the Hypothetical Monopolist Test for Market Definition," *Journal of Competition Law and Economics*, 2008, 4 (4).

Coate, M. B. and J. J. Simons, "Critical Loss vs. Diversion Analysis: Clearing Up the Confusion," *The CPI Antitrust Journal*, 2009 (12).

Coate, M. B. and M. D. Williams, "Generalized Critical Loss for Market Definition," *Research in Law and Economics*, 2007 (22).

Coate, M. B. and M. D. Williams, "A Critical Commentary on the Critical Comments on Critical Loss," *Antitrust Bulletin*, 2008, 53 (4).

Coe, P. J. and D. Krause, "An Analysis of Price-Based Tests of Antitrust Market Delineation," *Journal of Competition Law and Economics*, 2008, 4 (4).

Coyle, D., "Platform Dominance: The Shortcomings of Antitrust Policy," in Eds. M. Moore and D. Tambini, *Digital Dominance: The Power of Google, Amazon, Facebook and Apple*, Oxford University Press: New York, 2018.

Daljord, O., L. Sorgard and O. Thomassen, "The SSNIP Test and Market Definition With the Aggregate Diversion Ratio: A Reply to Katz and Shapiro," *Journal of Competition Law and Economics*, 2008, 4 (2).

Danger, K. L. and H. E. Frech Ⅲ, "Critical Thinking about Critical Loss in Antitrust," *Antitrust Bulletin*, 2001, 46 (2).

Doganoglu, T., Wright, J., "Multihoming andCompatibility," *International Journal of Industrial Organization*, 2006, 24 (1).

Einav, L., Levin, J., "Empirical Industrial Organization: A Progress Report," *Journal of Economic Perspectives*, 2010, 24 (2).

Elzinga, K. G. and T. F. Hogarty, "The Problem of Geographic Market Delineation in Antimerger Suits," *Antitrust Bulletin*, 1973, 18 (1).

Elzinga, K. G. and T. F. Hogarty, "The Problems of Geographic Market Delineation Revisited: The Case of Coal," *Antitrust Bulletin*, 1978, 23 (1).

Emch, E. and S. T. Thompson, "Market Definition and Market Power in Payment Card Networks," *Review of Network Economics*, 2006, 5 (1).

Evans, D. S., "Platform Economics: Essays on Multi-Sided Businesses," Chicago: Competition Policy International, 2011.

Evans, D. S., "The Antitrust Economics of Free," *Competition Policy International*, 2011, 7 (1).

Evans, D. S., "Attention Rivalry Among Online Platforms," *Journal of Competition Law and Economics*, 2013, 9（2）.

Evans, David S. , "Lightening Up on Market Definition," Chapters, in: Einer R. Elhauge（ed. ）, *Research Handbook on the Economics of Antitrust Law*, Chapter 3, Edward Elgar Publishing, 2012.

Evans, D. S. and M. D. Noel, "The Analysis of Mergers That Involve Multisided Platform Businesses," *Journal of Competition Law and Economics*, 2008, 4（3）.

Evans, D. S. and M. D. Noel, "Defining Antitrust Markets When Firms Operate Multi-Sided Platforms", *Columbia Business Law Review*, 2005（3）.

Farrell, J. , P. Klemperer, "Coordination and Lock-In: Competition with Switching Costs and Network Effects," in Armstrong, M. , R. Porter ed. , *Handbook of Industrial Organization*, Amsterdam: North Holland, 2007.

Farrell, J. and G. Saloner, "Standardization, Compatibility, and Innovation," *The RAND Journal of Economics*, 1985. 16（1）.

Farrell, J. and C. Shapiro, "Improving Critical Loss Analysis," *Antitrust Source*, 2008（2）.

Farrell, J. and C. Shapiro, "Upward Pricing Pressure and Critical Loss Analysis: Response," *The CPI Antitrust Journal*, 2010（2）.

Farrell, J. and C. Shapiro, "Recapture, Pass-through, and Market Definition," *Antitrust Law Journal*, 2010, 76（4）.

Furman, J. , et al. , "Unlocking Digital Competition-Report of the Digital Competition Expert Panel," 2019; Filistrucchi, L. , "A SSNIP Test for Two-sided Markets: The Case of Media," http: //ssrn. com/abstract = 1287442, 2013−03−02.

Forni, M. , "Using Stationary Tests in Antitrust Market Definition,"

American Law and Economics Review, 2004, 6 (2).

Froeb, L. M. and G. J. Werden, "Residual Demand Estimation for Market Delineation: Complications and Limitations," *Review of Industrial Organization*, 1991, 6 (1).

Genesove, David, "Comment on Forni's 'Using Stationarity Tests in Antitrust Market Definition'," *American Law and Economics Review*, 2004, 6 (2).

Hale, G. E. and R. D. Hale, "A Line of Commerce Market Definition in Anti-Merger Cases," *Iowa Law Review*, 1966, 52 (2).

Harris, B. C. and J. J. Simons, "Focusing Market Definition: How Much Substitution is Necessary?" *Research in Law and Economics*, 1989 (12).

Hermalin, Benjamin E. and Katz, Michael L., "What's So Special about Two-Sided Markets?" Economic Theory and Public Policies: Joseph Stiglitz and the Teaching of Economics, Forthcoming, May 1, 2016.

Horowitz, I., "Market Definition in Antitrust Analysis: A Regression-Based Approach," *Southern Economic Journal*, 1981, 48 (1).

Hosken, Daniel, Christopher T. Taylor, "Discussion of 'Using Stationarity Tests in Antitrust Market Definition'," *American Law and Economics Review*, 2004, 6 (2).

Hagiu, A. and J. Wright, "Multi-sided Platforms," *International Journal of Industrial Organization*, 2015 (43).

Hovenkamp, H., "Antitrust and Platform Monopoly," *Yale Law Journal*, 2021 (130).

Huschelrath, K., "Critical Loss Analysis in Market Definition and Merger Control," *European Competition Journal*, 2009, 5 (3).

Johnson, F. I., "Market Definition under the Merger Guidelines:

Critical Demand Elasticities," *Research in Law and* Economics, 1989 (12).

Kaplow, Louis, "Why Ever Define Markets?" *Harvard Law Review*, 2010, 124 (2).

Kaplow, Louis, "Market Definition and the Merger Guidelines," *Review of Industrial Organization*, 2011, 39 (1).

Kaplow, Louis., "Market Definition: Impossible and Counter Productive," *Antitrust Law Journal*, 2013, 79 (1).

Kaplow, Louis, "Market Definition Alchemy," *Antitrust Bulliten*, 2012, 57 (4).

Kate, A. T. and G. Niels, "The Relevant Market: A Concept Still in Search of a Definition," *Journal of Competition Law and Economics*, 2009, 5 (2).

Kate, A., Niels, G., "The Hypothetical Monopolist in a World of Multi-Product Firms: Should Outside Companions be Included in His Basket?" *Journal of Competition Law and Economics*, 2012, 8 (4).

Katz, M. and C. Shapiro, "Critical Loss: Let's Tell the Whole Story," *Antitrust*, 2003, 17 (2).

Katz, M. L., "Platform Economics and Antitrust Enforcement: A little Knowledge is a Dangerous Thing," *Journal of Economics & Management Strategy*, 2019, 28 (1).

Katz, M. and C. Shapiro, "Further Thoughts on Critical Loss," *Antitrust Source*, 2004 (3).

Katz, M. L., C. Shapiro, "Network Externalities, Competition, and Compatibility," *American Economic Review*, 1985, 75 (3).

Keyes, L. S., "The Bethlehem-Youngstown Case and the Market-Share Criterion," *American Economic Review*, 1961, 51 (4).

Langenfeld, J. and W. Li, "Critical Loss Analysis in Evaluating Mergers," *Antitrust Bulletin*, 2001, 46 (2).

Langenfeld, J. , W. Li, "Critical Loss Analysis in Evaluating Mergers," *Antitrust Bulletin*, 2001, 46 (2).

Lerner, J. , J. Tirole, "Some Simple Economics of Open Source," *Journal of Industrial Economics*, 2002, 50 (2).

Liebowitz, S. J. , Stephen E. Margolis, "Network Externality: An Uncommon Tragedy," *Journal of Economic Perspectives*, 1994, 8 (2).

Liran Einav, Amy Finkelstein, Jonathan Levin, "Beyond Testing: Empirical Models of Insurance Markets," *Annual Review of Economics*, 2010, 2 (1).

Lynskey, O. , "Regulating Platform Power," LSE Law, Competition Policy International, 2017, 8 (130).

Malcolm B. Coate, Joseph J. Simons, "In Defense of Market Definition", https: //ssrn. com/abstract = 1967208, 1967.

Mathis, S. A. , D. G. Harris and M. Boehlje, "An Approach to the Delineation of Rural Banking Markets," *American Journal of Agricultural Economics*, 1978 (60).

Meyer, C. , Y. Wang, "A Comprehensive Look at the Critical Loss Analysis in a Differentiated Products Market," *Journal of Competition Law and Economics*, 2012, 8 (4).

Motta, M. , *Competition Policy: Theory and Practice*, New York: Cambridge University Press, 2004.

Moazed, A. and N. L. Johnson, *Modern Monopolies: What It Takes to Dominate the 21st Century Economy*, New York: St. Martin's Press, 2016.

Neto C. M. da S. P. and Lancieri, F. M. , "Towards a Layered

Approach to Relevant Markets in Multi-Sided Transaction Platforms,"
Antitrust Law Journal, 2020, 82 (3).

Nilssen, T. , "Two Kinds of Consumer Switching Costs," *RAND Journal of Economics*, 1992, 23 (4).

O'Brien, D. P. and A. L. Wickelgren, "A Critical Analysis of Critical Loss Analysis," *Antitrust Law Journal*, 2003 (71).

OECD, "Rethinking Antitrust Tools for Multi-Sided Platforms," Paris: OECD Publication, 2018.

Parker, G. G. , M. W. Van Alstyne and S. P. Choudary, "Platform Revolution: How Networked Markets are Transforming the Economy and How to Make Them Work for You," New York: W. W. Norton & Company, 2017.

Picker, R. C. , "The Razors-and-Blades Myths", http: //ssrn. com/abstract = 1676444, 2010.

Pitofsky, R. , "New Definitions of Relevant Market and the Assault on Antitrust," *Columbia Law Review*, 1990, 90 (7).

Posner, R. A. , *Antitrust Law: An Economic Perspective*, Chicago: University of Chicago Press, 1976.

Reycraft, G. D. , "Recent Developments Under the Sherman Act and Clayton Act and Other Aspects of the Program of the Antitrust Division," *Antitrust Bulletin*, 1960 (5).

Rochet, J. C. and J. Tirole, "Platform Competition in Two-Sided Markets," *Journal of the European Economic Association*, 2003, 1 (4).

Rochet, J. C. and J. Tirole, "Two-Sided Markets: A Progress Report," *The RAND Journal of Economics*, 2006, 37 (3).

Schallbruch, M. , H. Schweitzer and A. Wambach, "A New Competition Framework for the Digital Economy-Report by the Commission

Competition Law 4. 0," 2019.

Scheffman, D. T. and J. J. Simons, "The State of Critical Loss Analysis: Let's Make Sure We Understand the Whole Story," *Antitrust Source*, 2003（11）.

Scheffman, D. T. and P. T. Spiller, "Geographic Market Definition under the US Department of Justice Merger Guidelines," *Journal of Law and Economics*, 1987（30）.

Schmalensee, R., "Horizontal Merger Policy: Problems and Changes," *Journal of Economic Perspective*, 1987, 1（2）.

Shrieves, R., "Geographic Market Areas and Market Structure in the Bituminous Coal Industry," *Antitrust Bulletin*, 1978（23）.

Shy, Oz, "A Short Survey of Network Economics," *Review of Industrial Organization*, 2011, 38（2）.

Slade, M. E., "Exogeneity Tests of Market Boundaries Applied to Petroleum Products," *Journal of Industrial Economics*, 1986, 34（3）.

Spulber, D. F., "The Economics of Markets and Platforms," *Journal of Economics & Management Strategy*, 2019, 28（1）.

Stigler, G. J. and R. A. Sherwin, "The Extent of the Market," *Journal of Law and Economics*, 1985, 28（3）.

Subcommittee on Antitrust, Commercial and Administrative Law of the Committee on the Judiciary, "Majority Staff Report and Recommendations: Investigation of Competition in Digital Markets," 2020.

Tirole, J., *The Theory of Industrial Organization*, Cambridge Mass: The MIT Press, 1988.

Tirole, J., *Economics for the Common Good*, New Jersey: Princeton University Press, 2017.

Toker Doganoglu, Julian Wright, "Exclusive Dealing with Network

Effects," *International Journal of Industrial Organization*, 2009, 28 (2).

Turner, D. F., "Antitrust Policy and the Cellophane Case," *Harvard Law Review*, 1956, 70 (2).

Uri, N. D., J. Howell and E. J. Rifkin, "On Defining Geographic Markets," *Applied Economics*, 1985 (17).

Walls, W. D., "A Cointegration Rank Test of Market Linkages with an Application to the U.S. Natural Gas Industry," *Review of Industrial Organization*, 1994 (9).

Werden, G. J., "The Use and Misuse of Shipments Data in Defining Geographic Markets," *Antitrust Bulletin*, 1981 (26).

Werden, G. J., "Market Delineation and the Justice Department's Merger Guidelines," *Duke University School of Law*, 1983 (3).

Werden, G. J., "Four Suggestions on Market Delineation," *Antitrust Bulletin*, 1992, 37 (1).

Werden, G. J., "The History of Antitrust Market Delineation," *Marquette Law Review*, 1993 (76).

Werden, G. J., "Demand Elasticities in Antitrust Analysis," *Antitrust Law Journal*, 1998 (66).

Werden, G. J., "Market Delineation Under the Merger Guidelines: Monopoly Cases and Alternative Approaches," *Review of Industrial Organization*, 2000, 16 (2).

Werden, G. J., "Network Effects and Conditions of Entry: Lessons from the Microsoft Case," *Antitrust Law Journal*, 2001, 69 (1).

Werden, G. J., "Why Ever Define Markets? An Answer to Professor Kaplow," *Antitrust Law Journal*, 2012, 78 (3).

Werden, G. J. and L. M. Froeb, "Correlation, Causality, and All That Jazz: The Inherent Shortcomings of Price Tests for Antitrust Market

Delineation," *Review of Industrial Organization*, 1993, 8 (3).

Whalen, G., "Time Series Methods in Geographic Market Definition in Banking," Paper Presented at the Atlantic Economic Association Meetings, 1990.

White, L. J., "Market Definition in Monopolization Cases: A Paradigm is Missing," http://lsr.nellco.org/nyu_lewp/35, 2013-02-06.

Wu, T., "The Curse of Bigness: Antitrust in the New Gilded Age," New York: Columbia Global Reports (Illustrated Edition), 2018.

Weyl, E.G., "A Price Theory of Multi-sided Platforms," *The American Economic Review*, 2010, 100 (4).

黄坤：《企业并购中的相关市场界定：理论与实证》，中国社会科学院研究生院博士学位论文，2011。

黄坤、张昕竹：《可口可乐拟并购汇源案的竞争损害分析》，《中国工业经济》2010年第12期。

黄坤：《企业并购审查中的相关市场界定：理论与案例》，社会科学文献出版社，2013。

李虹：《相关市场理论与实践——反垄断中相关市场界定的经济学分析》，商务印书馆，2011。

张昕竹、黄坤：《免费产品的经济学逻辑及相关市场界定思路》，《中国物价》2013年第12期。

王磊：《加快推进互联网平台竞争监管现代化》，《宏观经济管理》2020年第11期。

王晓晔：《反垄断法中相关市场的界定》，《国际商报》2009年9月1日。

图书在版编目（CIP）数据

相关市场界定：方法与应用 / 黄坤，王磊著. --
北京：社会科学文献出版社，2022.5
ISBN 978-7-5228-0004-2

Ⅰ.①相… Ⅱ.①黄… ②王… Ⅲ.①垄断经济学-
研究 Ⅳ.①F038

中国版本图书馆 CIP 数据核字（2022）第 062779 号

相关市场界定：方法与应用

著　　者 / 黄　坤　王　磊

出 版 人 / 王利民
组稿编辑 / 邓泳红
责任编辑 / 吴　敏
责任印制 / 王京美

出　　版 / 社会科学文献出版社（010）59367127
　　　　　　地址：北京市北三环中路甲 29 号院华龙大厦　邮编：100029
　　　　　　网址：www.ssap.com.cn
发　　行 / 社会科学文献出版社（010）59367028
印　　装 / 三河市东方印刷有限公司

规　　格 / 开　本：787mm×1092mm　1/16
　　　　　　印　张：13　字　数：173 千字
版　　次 / 2022 年 5 月第 1 版　2022 年 5 月第 1 次印刷
书　　号 / ISBN 978-7-5228-0004-2
定　　价 / 69.00 元

读者服务电话：4008918866